NEW YORK

ATLAS DES GEHEIMEN

T. M. Rives und Hannah Frishberg

JONGLEZ VERLAG

© Clay Banks - Unsplash

Wir hatten große Freude bei der Arbeit an diesem Atlas mit dem Titel *New York – Atlas des Geheimen* und hoffen, dass Sie wie wir in seiner Begleitung ungewöhnliche, verborgene oder eher unbekannte Aspekte der Stadt entdecken können. Alle aufgeführten Orte sind gut erreichbar und auf den Karten zu Beginn der einzelnen Kapitel eingezeichnet. Einige Einträge sind mit historischen Anmerkungen oder Anekdoten versehen, die dazu beitragen sollen, die Stadt in ihrer ganzen Komplexität zu verstehen. *New York – Atlas des Geheimen* soll Ihre Aufmerksamkeit auch auf eine Vielzahl von Details lenken, auf die wir an Orten gestoßen sind, an denen man Tag für Tag achtlos vorübergeht. Wir verstehen das als Einladung, die urbane Landschaft, die uns umgibt, genauer zu betrachten. Ganz allgemein möchten wir den Blick auf unsere Stadt öffnen, sodass ihr auch Einheimische mit der gleichen Neugier und Aufmerksamkeit begegnen, die wir auf Reisen so oft an den Tag legen …

N
PASSAIC
ESSEX
NEW JERSEY
UNION
HUDSON
CLEVELAND, DETROIT, CHICAGO
80
280
95
78
278
Newark
Newark Bay Bridge
Jersey City
Newark Bay
Goethals Bridge
Bayonne Bridge

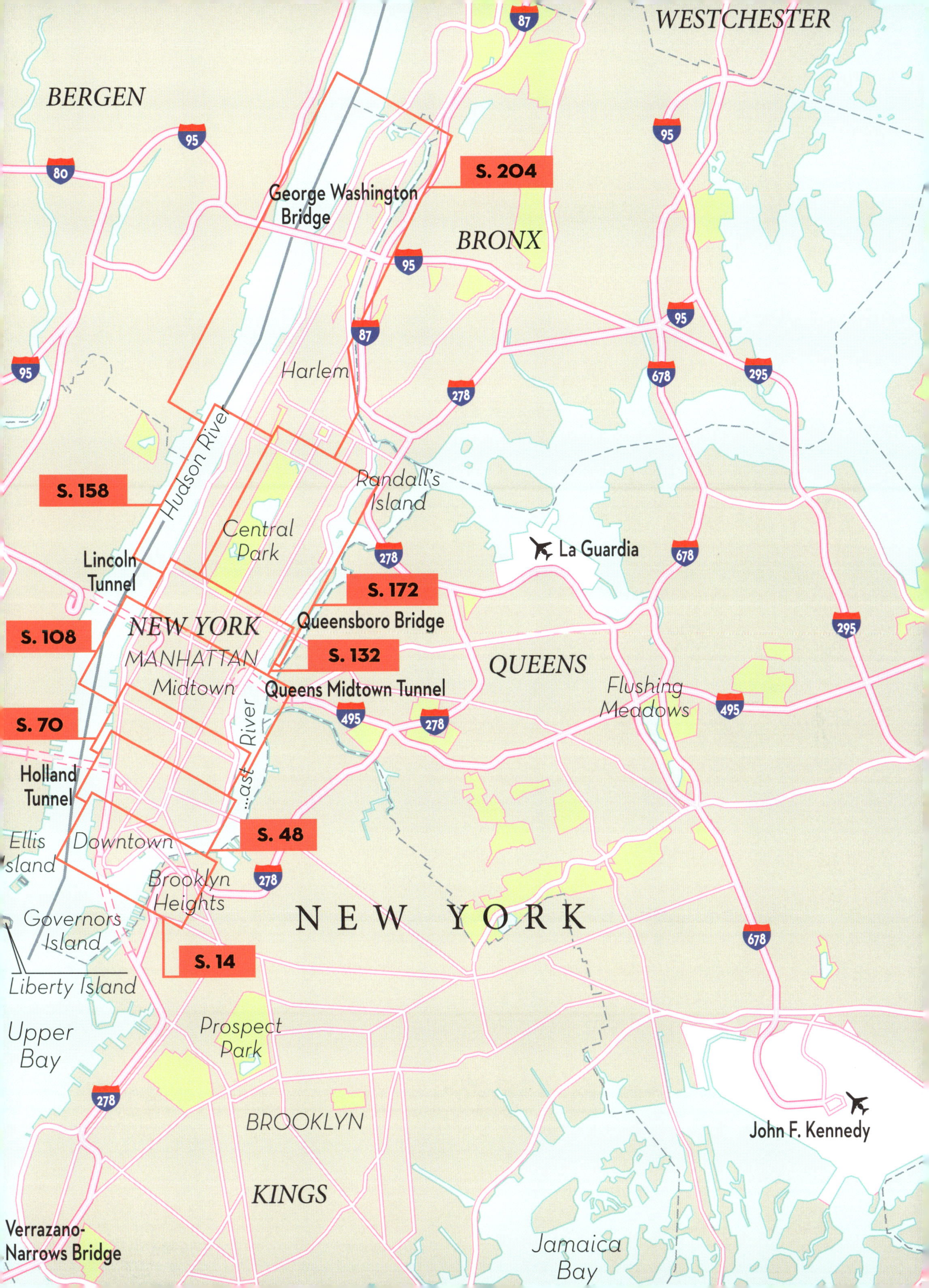
WESTCHESTER
BERGEN
S. 204
George Washington Bridge
BRONX
Harlem
Hudson River
S. 158
Randall's Island
Central Park
La Guardia
Lincoln Tunnel
S. 172
Queensboro Bridge
NEW YORK
S. 108
MANHATTAN
S. 132
QUEENS
Midtown
Queens Midtown Tunnel
Flushing Meadows
S. 70
River
Holland Tunnel
S. 48
Ellis Island
Downtown
Brooklyn Heights
Governors Island
NEW YORK
S. 14
Liberty Island
Upper Bay
Prospect Park
BROOKLYN
John F. Kennedy
KINGS
Verrazano-Narrows Bridge
Jamaica Bay

SÜDLICH DER CHAMBERS STREET

ZWISCHEN CHAMBERS UND HOUSTON

ZWISCHEN DER HOUSTON UND 14TH

ZWISCHEN DER 14TH UND 42ND STREET

ZWISCHEN 42ND UND 59TH STREET

UPPER WEST SIDE (59TH–110TH)

UPPER EAST SIDE UND CENTRAL PARK

UPPER MANHATTAN

SÜDLICH DER CHAMBERS STREET

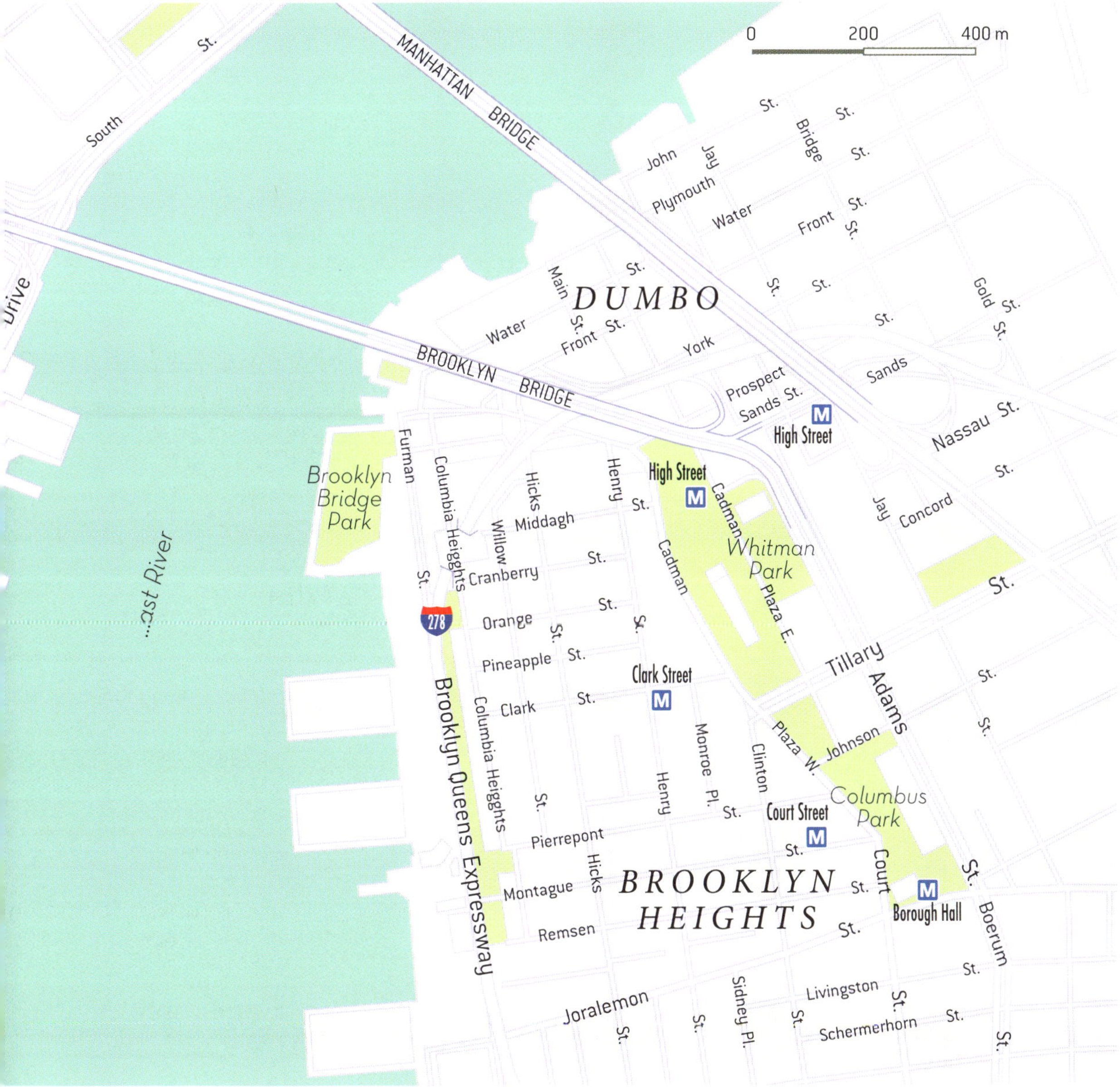
0
200
400 m
MANHATTAN BRIDGE
BROOKLYN BRIDGE
DUMBO
BROOKLYN HEIGHTS
East River
Brooklyn Bridge Park
Whitman Park
Columbus Park
Brooklyn Queens Expressway
278
High Street
Clark Street
Court Street
Borough Hall
South St.
John St.
Jay St.
Bridge St.
Plymouth St.
Water St.
Front St.
Main St.
York St.
Prospect St.
Sands St.
Nassau St.
Gold St.
Concord St.
Tillary St.
Adams St.
Johnson St.
Furman St.
Columbia Heights
Hicks St.
Henry St.
Willow St.
Middagh St.
Cranberry St.
Orange St.
Pineapple St.
Clark St.
Cadman Plaza E.
Cadman Plaza W.
Monroe Pl.
Clinton St.
Pierrepont St.
Montague St.
Remsen St.
Court St.
Boerum St.
Joralemon St.
Sidney Pl.
Livingston St.
Schermerhorn St.

01.

31 Chambers Street
Linien J und Z/Chambers Street
Linien 4, 5 und 6/Brooklyn Bridge – City Hall

DIE STADTSIEGEL AM SURROGATE'S COURT

Die Geschichte New Yorks in Symbolen

Das offizielle Siegel der Stadt sieht man überall, doch nur wenige New Yorker könnten es beschreiben. Siegel sind wie Banknoten: reich an Symbolik und so alltäglich, dass nur Wenige auf die Details achten. Sie spiegeln aber auch die Vergangenheit wider.

Am besten lässt sich die Geschichte der Stadt am Surrogate's Court Building rekonstruieren, anhand der chronologisch geordneten Siegel über dem Eingang. Ganz rechts halten ein Europäer und ein Algonkin-Indianer ein Wappen. Der Europäer ist Seemann und hält ein Senkblei – ein Gewicht an einem Seil zum Messen der Wassertiefe – als Hinweis auf die Kolonialisierung der Neuen Welt über den Seeweg und auf New York als wichtigen Seehandelsknotenpunkt. Der Indianer hält einen Bogen und trägt traditionell Federn am Hinterkopf. In der Mitte des Wappens sieht man die Flügel einer Windmühle. Dazwischen sind Biber, deren Pelze bei den ersten Siedlern begehrt und der wichtigste Grund waren, sich hier anzusiedeln. Und Mehlfässer, eine Ware, auf die die Stadt ein Monopol hatte und die ihr gemeinsam mit den Pelzen früh großen Reichtum bescherte. Darüber hängt eine Halbkugel mit einem Weißkopfseeadler.

Links daneben blicken wir weiter zurück. Im nächsten Siegel fehlt der Adler und wird durch die prärevolutionäre britische Königskrone ersetzt. Die Jahreszahl, 1686, ist das Jahr, in dem New York das Stadtrecht erhielt. Noch weiter links befinden wir uns im New Amsterdam der Niederländer. Der Biber sonnt sich hier auf dem Siegel des alten Amsterdams. Daher kommt auch das X der Windmühlenflügel: von den Kreuzen im alten Stadtwappen. Und gehen wir noch weiter zurück, kommt das Siegel von New Netherland, mit dem leidgeprüften Biber und einer indianischen Wampum-Kette (siehe Seite 96), die das Schild umrahmt. Zwei lokale Währungen aus der Zeit, als New York nicht mehr als eine sumpfige Insel mit einer Handvoll Abenteurer und noch lange keine Stadt war.

Das Surrogate's Court Building wurde vor 1915 fertiggestellt, dem Jahr, in dem das offizielle Siegel von New York entstand. Die aktuelle Version ist im Inneren auf dem Pult des Wachmanns zu sehen. Andere moderne offizielle Siegel finden sich auch auf der Stadtflagge, den Armaufnähern der Polizei und hinter den Hygiene-Prüfbescheinigungen an den Fenstern fast aller Restaurants.

02.

City Hall, am Broadway zwischen Murray und Warren Street
Linien N und R/City Hall
Linien 2 und 3/Park Place
Linien J und Z/Chambers Street
Linien 4, 5 und 6/Brooklyn Bridge – City Hall

DER FREIHEITSBAUM

Das erste Blutvergießen des amerikanischen Unabhängigkeitskriegs

Da die Stadt ihre Vergangenheit lange ausgeblendet hatte, war die zentrale Rolle New Yorks während des Unabhängigkeitskriegs im amerikanischen Bewusstsein kaum verankert. New York war der Schlüssel zum militärischen Erfolg, und das wussten die Briten: Wer die Stadt beherrschte, spaltete die Kolonien. Auch George Washington wusste das: Die ersten Kämpfe gab es in Boston, doch als die Briten dort geschlagen wurden, beeilte sich der General, als nächstes diesen Ort hier zu verteidigen. Die meisten Amerikaner verblüfft es, dass das Blutvergießen in Downtown Manhattan begann, noch vor dem Massaker von Boston und lange vor den Schlachten von 1776. Ein Hinweis darauf findet sich bei der City Hall: der Freiheitsbaum. Freiheitsbäume gab es vor und während des Unabhängigkeitskriegs in vielen amerikanischen Städten. Es waren im Boden verankerte Fahnenstangen, deren Ursprung auf den Freiheitsbaum von Boston zurückgeht (eine Ulme, bei der sich Widerständler versammelten). Der New Yorker Baum wurde zum Konfliktsymbol: Die Sons of Liberty stellten ihn immer wieder auf, während die Briten ihn immer wieder umsägten.

Am 16. Dezember 1769 wurde ein anti-britisches Flugblatt an die „betrogenen Stadtbewohner“ verteilt. Neben anderen Kampfansagen war darin die Rede von Tyrannei und Willkür und ein „Son of Liberty“ hatte es signiert. Das war zu viel für die Briten. Soldaten des 16. Regiments sprengten die Stange, sägten sie in Stücke und ließen selbst ein Flugblatt drucken, in dem sie gegen die „wahren Feinde der Gesellschaft“ wetterten, die „meinen, dass ihre Freiheit von einem Stück Holz abhängt.“ Rotröcke plakatierten den Affront in der ganzen Stadt.

Liebhaber bizarrer, historischer Details wird es freuen, dass in der Folge ausgerechnet ein Widderhorn hier eine Rolle spielte. Am 19. Januar 1770 ertappten der Kaufmann und Patriot Isaac Sears und sein Freund Walter Quackenbos britische Soldaten beim Anbringen des reißerischen Flugblatts. Es folgte ein Handgemenge, und als Bajonette gezückt wurden, warf Sears, der zufällig ein Widderhorn dabei hatte, es einem der Soldaten an den Kopf. Man eilte beiden Seiten zu Hilfe und in der Schlacht von Golden Hill (heute die John Street) wurden mehrere Männer verwundet und ein Patriot getötet.

Danach schlug man einen 25 Meter hohen Kiefernstamm auf privatem Grund in der Nähe des Common tief in den Boden und fasste ihn mit Eisen ein. Ganz oben war, wie auf jenem bei der heutigen City Hall, eine goldene Fahne mit einem einzigen Wort: Freiheit.

LIBERTY

03.

Saint Paul's Chapel
209 Broadway
trinitywallstreet.org/about/stpaulschapel
Linien A,C, 2, 3, 4 und 5/Broadway – Nassau Street
Linie E/Chambers Street
Linie 6/Brooklyn Bridge – City Hall

DIE KRONE AUF DER KANZEL VON ST. PAUL'S

Das letzte Königssymbol in New York

Die St. Paul's Chapel, 1766 fertiggestellt, ist die älteste Kirche in Manhattan. Sie beherbergt die Bank, auf der George Washington am Gottesdienst teilnahm und über der das erste farbige Siegel der Vereinigten Staaten hängt. Diese Relikte sowie die Tatsache, dass Washington, nach seiner Vereidigung etwas weiter südlich auf der Wall Street, hier gebetet hat, machen St. Paul's sozusagen zur amerikanischsten Kirche im Land. Doch ein kleines Detail weist auf die koloniale Vergangenheit der Kirche und der Stadt hin: Die Kanzel und den Schalldeckel (beides Originale) ziert eine goldene Krone. In ganz New York ist dies wohl das einzige Symbol für die britische Herrschaft, dass den amerikanischen Unabhängigkeitskrieg überdauert hat. Die Kolonialgouverneure bekamen während der Unruhen gegen den Stamp Act (Stempelgesetz) 1765 zum ersten Mal eine wütende New Yorker Menge zu spüren. Doch das war nur ein Vorgeschmack auf die Zerstörungswut, die nach der Verlautbarung der Unabhängigkeitserklärung um sich griff. Der Provinzkongress stimmte am 9. Juli 1776 zu und um 18 Uhr wurde das Dokument, das Amerikas Bruch mit dem Vereinigten Königreich verkündete, den Truppen auf dem Common (dem heutigen City Hall Park) vorgelesen. Die Reaktion war … eine temperamentvolle. „Exzellenz", schrieb der Gouverneur William Tryon an den britischen Außenminister, „die konföderierten Kolonien haben ihre Unabhängigkeit erklärt: ich füge eine Kopie der Unabhängigkeitserklärung bei, die Mitte des letzten Monats in den Straßen von New York verkündet wurde. Dabei wurde die Statue des Königs beschädigt sowie das Königswappen im Rathaus. Man hat die Staatskirchen geschlossen und die Rebellen haben alle Zeichen der Krone, sofern es in ihrer Macht stand, beseitigt."

Das bekannteste „Zeichen der Krone", das beseitigt wurde, waren die Statue von König George und die Kronen auf dem Eisenzaun rund um Bowling Green (siehe Seite 52). Wenn man die Hand über die Pfostenspitzen gleiten lässt, kann man spüren, dass einige vom Absägen der Kronen noch rau sind. Die königliche Krone auf der Kanzel von St. Paul's überlebte wohl, weil die Kirche vor den begeisterten Vandalen verriegelt wurde.

04.

Three World Financial Center
Ecke Vesey und West Street
Linien 1, 2 und 3/Chambers Street oder Park Place
Linien A und C/Chambers Street
Linie E/World Trade Center

DIE HÄFEN DER WELT

Einer der größten Wandzyklen aller Zeiten

Im Three World Financial Center, auch als American Express Tower bekannt, wird New York mit Craig McPhersons „Die Häfen der Welt", einem der größten Wandzyklen aller Zeiten, als wichtiges Seehandelszentrum präsentiert. Das Werk nimmt alle vier Wände der Eingangshalle ein: drei Meter hoch mit einer Gesamtlänge von 97 Metern. Das klingt groß und wirkt noch viel größer. Fotos können weder die Dimension und Atmosphäre der Gemälde einfangen, noch können sie, wie McPherson erläutert, das Hafentreiben in der Realität abbilden. „Neben anderen Störfaktoren verändern sich Formen blitzschnell und die Grundlinie bewegt sich." Der Künstler entwickelte seine eigene Perspektive, indem er Vermessungsgeräte einsetzte und für jede Szene Monate an einem sorgsam gewählten Aussichtspunkt verbrachte. Die Häfen wurden nach Bedeutung, Vielfalt und Topografie ausgewählt. Neben New York sind schillernde Ansichten von Venedig, Istanbul, Hongkong, Sidney und Rio de Janeiro zu sehen.

Assistenten übertrugen die Zeichnungen auf gespannte Leinwände und trugen die ersten Grautöne auf, doch die Malarbeiten führte McPherson, drei Meter pro Monat, allein durch. Jede Stadt hat eine eigene Farbgebung und Stimmung: Venedig ist launisch, Hongkong schimmert in geheimnisvollen Blau- und Grüntönen und Sydney leuchtet.

Wie jedes Gebäude in diesem Viertel hat das Three World Financial Center eine dramatische 9/11-Geschichte. Glas und Schutt fielen in den Raum, in dem die Wandbilder hingen, und der Wintergarten des Komplexes war unter qualmenden Balken halb verschüttet. Ein Wachmann erzählt verschmitzt, dass die Bilder zwar unversehrt blieben, doch die Twin Towers in der New-York-Szene – eine leuchtende Skyline bei Nacht – von prophetischen Flammen umgeben zu sein scheinen.

New York gilt als der beste natürliche Hafen am Atlantik – vielleicht sogar als der Beste überhaupt. Sandy Hook und Rockaway Point bieten Schutz vor dem Ozean; von dort zähmen die Verrazano Narrows das Wasser noch weiter bis in die Upper Bay, in die der Hudson River, aus dem tiefen Inneren des Staates New York kommend, einmündet. Diese Lage war der Schlüssel zum Erfolg dieser Stadt. Der Hafen und die Finanzen waren bis weit ins 20. Jhdt. zwei Seiten derselben Medaille.

05.

290 Vesey Street
Linien A und C/Chambers Street
Linien N und R/City Hall
Linien 2 und 3/Park Place

IRISCHES HUNGERDENKMAL

Eine Ecke Irlands über den Dächern

„Zu unserem großen Bedauern müssen wir bekanntgeben, dass die Potato Murrain ohne Zweifel in Irland angekommen ist“, schreibt der *Gardeners Chronicle* im September 1845.

Der pilzartige Organismus, der Kartoffelfäule verursacht, ist winzig, doch innerhalb eines Jahrzehnts löschte er den Großteil der Iren aus. Über eine Million verhungerte und doppelt so viele emigrierten. Das irische Hungerdenkmal in Battery Park City erinnert an dieses Unglück, das von Heimweh und Flucht geprägt ist.

In New York gibt es einige Orte, oft sehr kleine Flächen, an denen man sich außerhalb der Stadt wähnt. Die Vest-Pocket Parks (Westentaschenparks,, siehe Seite 164) sind nach diesem Konzept gestaltet. Das Hungerdenkmal manipuliert die Szenerie umfassender als jeder andere Ort in New York. Hier wird man nicht nur „irgendwohin“ versetzt – sondern ganz gezielt nach Irland.

Passanten, die das Denkmal nur von unten sehen, wissen nicht, dass sich knapp acht Meter über ihren Köpfen die Überreste eines Hauses aus der Zeit der Hungersnot sowie ein Pfad befinden, der sich durch wildes Gras und an Steinmauern entlangwindet. Alle Pflanzen hier sind in Irland heimisch.

Sie sind über schroffe Felsen verteilt und kommen aus allen 32 irischen Provinzen. Setzt man sich zwischen Schlehe und Fingerhut neben einen Stein aus Lime-

© CTA ARCHITECTS

rick oder Kilkenny, sieht man nurmehr Irland und den Himmel. Steht man wieder auf, erblickt man die Freiheitsstatue.

Im Kalksteintunnel, der zum Denkmal führt, erinnert eine Auswahl von Schriften zur großen Hungersnot an das von ihr verursachte Leid. Eine Liste von Pflanzen, die den Armen in Irland während der Kartoffelfäule als Nahrung dienten: Brennessel, Löwenzahn, Baumblätter.

Während der Massenemigration war ein Viertel der New Yorker irisch. Die meisten davon verzweifelt. „Ausländer", steht auf einem ausländerfeindlichen Plakat von damals, „sind Habenichtse, Fremde, Faulenzer und anderes Ungeziefer" – Worte, die bei jeder Einwanderungswelle seit damals von einigen gerne gebraucht werden. Erst nach Jahren wurden die Irisch-Amerikaner das Stigma von Katholizismus, Armut und Kriminalität los.

Bis 1860 nahm die Flut an Einwanderern ab. Ein Jahrhundert später war John F. Kennedy Präsident.

Heute wohnen in New York noch immer mehr Irisch-Amerikaner als in jeder anderen amerikanischen Stadt.

06.

Uhr: Ecke Maiden Lane und Broadway
William Barthman Jewelers: 176 Broadway
williambarthman.com
Linien 4 and 5/Fulton Street
Linien N und R/Cortlandt Street
Linien A, C, J und Z/Fulton Street

DIE GEHSTEIGUHR AUF DER MAIDEN LANE

Wo die Zeit mit Füßen getreten wird

William Barthman Jewelers auf dem Broadway ist die letzte Bastion des Juwelierhandels, der im späten 18. Jhdt. in Lower Manhattan zu boomen begann. Das Geschäft ist seit 130 Jahren hier, ein Rekord, der auf Fotos im Laden dokumentiert ist und sich in der ungezwungenen Freundlichkeit des Personals widerspiegelt. Doch der genialste PR-Streich des Juweliers ist die Gehsteiguhr an der Ecke der Maiden Lane. „Die Leute kennen uns wegen der Uhr", sagt Connie, die Geschäftsführerin.

Gründer William Barthman optimierte das Konzept der gesponserten Stadtuhren, indem er seine in den Boden einließ. An dieser Ecke ist der Bürgersteig fast lebendig. Das Kristallglas und die sich stetig bewegenden Zeiger ertragen tapfer die unzähligen Fußgänger (50.000 in 3 Stunden). Die Uhr, die regelmäßig gewartet und synchronisiert wird, hat einen elektrischen Motor, der nach 9/11 ersetzt werden musste. Giulio, Schmuckdesigner bei Barthman's, zeigt auf einen dünnen Riss im Bürgersteig, der sich von Osten bis zur Bronzeeinfassung auf Höhe der römischen Zwölf zieht. „Der 11. September war wie ein Erdbeben", meint er. „Der Uhr kann wegen der Dichtung nichts passieren, es dringt aber trotzdem ein wenig Wasser ein." Connie sieht es gelassen. „Ich glaube, sie wird uns alle bei weitem überdauern."

Die Schrauben in der Einfassung fixieren den Zeitmesser auf dem Bürgersteig, doch der Mechanismus wird von unten bedient. Giulio öffnet auf der Maiden Lane eine Tür und nimmt uns durch ein warmes Treppenhaus auf eine seltene Tour in die Geschichte von Barthman's, mit: Staub, das Herz der Klimaanlage und Holzschränke mit 100 Jahre alten Unterlagen. Unter der Uhr befindet sich ein kleiner Arbeitsplatz und ein Tisch voll mit Werkzeug zum Schneiden, Feilen und Polieren von Schmuck. Giulio entfernt eine PVC-Wellplatte von der Decke und enthüllt stolz die Unterseite der Uhr. Tageslicht sickert durch die Ränder und flackert zum gedämpften Ticktack der Absätze auf dem Bürgersteig. Wenn die Linie 6 nur wenige Meter hinter der Betonmauer vorbeifährt, beginnt alles zu wackeln.

Wieder auf der Straße, geben zwei Mitarbeiter des Vitaminladens an der Ecke, der nur 3 Meter von der alten Uhr entfernt ist, zu, diese noch nie bemerkt zu haben. „Ich muss schon tausende Male darüber gelaufen sein", sagt einer. „Aber das ist New York – du stumpfst ab. Schreib das in dein Buch."

WILLIAM BARTHMAN
E
S
N
W
SINCE 1884

07.

70 Pine Street
Linien 2 und 3/Wall Street

VERKLEINERTES MODELL DES AMERICAN INTERNATIONAL BUILDING

Ein zurückgelassener Riese

Ein Wolkenkratzer zeigt dann wahre Größe, wenn sein Abbild geschmackvoll in das Dekor integriert werden kann. Die drei berühmtesten Wolkenkratzer New Yorks schaffen das: das Woolworth, das Chrysler und das Empire State Building haben ihr Abbild in das Dekor der Lobbys integriert. Das Woolworth hat seine Geschichte in Stein gemeißelt. Der Architekt hält hier eine Miniatur des Gebäudes und der Handelsmagnat Frank W. Woolworth selbst (der als Lagerist begann) zählt konzentriert Münzen.

Das American International Building in der Pine Street setzte hier mit einem 3,5 m hohen, maßstabgetreuen Steinrelief sowohl an der Nord- als auch der Südfassade neue Maßstäbe. Die Kopie aus Stein enthält sogar eine noch kleinere Version: ein Modell im Modell. Es mag übertrieben scheinen, einem Gebäude, das die meisten New Yorker nicht kennen, so viel Aufmerksamkeit zu schenken, doch das AIB reiht sich definitiv in die Reihen der Wolkenkratzerlegenden ein. Als es fertiggestellt wurde, war es downtown das größte Gebäude (nach 9/11 eroberte es den Titel zurück). Im Stil der Neugotik erbaut, soll der weiße Stein an der Turmspitze, wo eine Aussichtsplattform einen herrlichen Blick auf die Innenstadt und die Upper Bay gewährte, an schneebedeckte Berge erinnern. Für den Betrieb der berühmten Doppeldeckeraufzüge wurden hübsche Rotschöpfe eingestellt, die Berichten zufolge „arbeitslose Showgirls waren", an denen es während der Wirtschaftskrise offensichtlich nicht mangelte und die man sogar nach Haarfarbe wählen konnte. Doch was war passiert? Warum blieb das AIB nicht im öffentlichen Gedächtnis hängen?

Vielleicht war New York einfach erschöpft. Der Bau des AIB begann 1930, zwei Jahre nach dem fieberhaften Rennen um das höchste Gebäude der Welt, in dem das Chrysler Building gegen die Bank of Manhattan antrat (die sie noch kurz vor dem Ziel einholte, indem es eine 38 m hohe Turmspitze geheim hielt), bis beide 1931 vom Empire State Building geschlagen wurden. Das fertige AIB war ebenfalls höher als die Bank of Manhattan, doch zu diesem Zeitpunkt spielte das keine Rolle mehr. Das Rennen war gelaufen.

Und heute steht das Empire State Building noch immer unangefochten an erster Stelle. 75 Jahre lang hatte das AIB den Titel des höchsten Gebäudes in New York, das niemals das höchste der Welt war, inne. Und auch dieser Titel wurde ihm 2007 vom New York Times Building streitig gemacht.

08.

Trinity Cemetery
74 Trinity Place (Broadway bei der Wall Street)
trinitywallstreet.org
Linen 1, N und R/Rector Street
Linien 4 und 5/Wall Street

DAS RÄTSEL AM GRABSTEIN

Botschaft von jenseits des Grabes

Der älteste Grabstein am Friedhof der Trinity Church ist der von Richard Churcher, der 1681 im Alter von 5 Jahren starb. Der Junge hat einen kleinen, massiven Stein, der seltsamerweise auf beiden Seiten graviert ist: Auf der Rückseite befinden sich eine Sanduhr mit Flügeln und darunter ein Schädel mit gekreuzten Knochen. Die Botschaft ist klar: Die Zeit vergeht und plötzlich – Pluff. Einige Schritte weiter, am nördlichen Friedhofsende nahe dem Soldatendenkmal, befindet sich der Stein von James Leeson, einem Mann, der mehr als 100 Jahre später starb. Auch hier ist die Sanduhr gemeinsam mit einigen Freimaurer-Symbolen eingraviert. Doch darüber, der natürlichen Rundung des Steins folgend, steht ein rätselhafter Code, der erst nach fast einem Jahrhundert entschlüsselt werden konnte.

Der Code ist in offene Quadrate eingetragen, die entweder Punkte enthalten – manchmal einen, manchmal zwei – oder leer bleiben. Für die Lösung muss man wissen, warum die Quadrate seitlich offen sind: lediglich Kästchen, wie bei einem Tic-Tac-Toe-Spiel. Die Punkte markieren verschiedene Abschnitte des Alphabets ohne den Buchstaben „j", der sich damals leicht mit dem „i" verwechseln ließ.

Der Code transportiert die Botschaft mit Würde, wie auch immer sie lauten mag. Sind es letzte Worte an eine geheime Geliebte? Der Fundort eines Schatzes? Das Rezept für einen Apfelkuchen ohne Kalorien? Enttäuschender Weise lautet die Botschaft einfach DENKE AN DEN TOD. Warum James Leeson sich derart bemühte, einen Gedanken zu verschleiern, der hübsch (und ohne Worte) in ein Symbol verpackt werden kann – genau genommen der einzige Gedanke, auf den man auf einem Friedhof wirklich nicht erst hingewiesen werden muss –, bleibt ein Geheimnis. Doch da die Botschaft nicht an uns adressiert war, dürfen wir nicht klagen. Der Code ist als „Schweinestall-Code" oder „Freimaurer-Alphabet" bekannt. Leesons Kumpels hätten es wahrscheinlich verstanden.

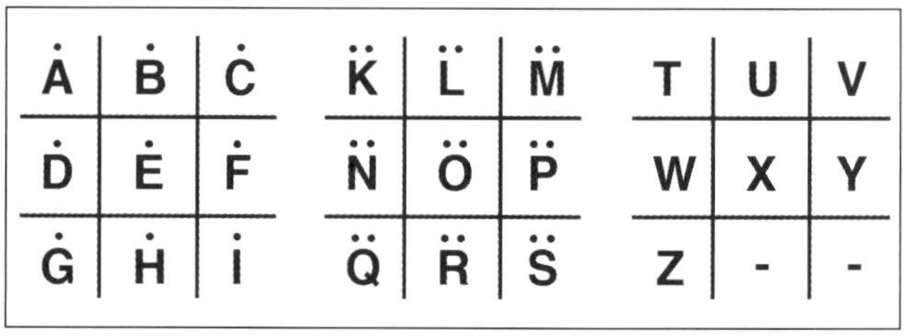

Die Lösung des Trinity-Grabstein-Rätsels

Here lies
depoſited the Body of
James Leeſon

09.

23 Wall Street
Linien 2 und 3/Wall Street

EXPLOSIONSSPUREN AUF DER MORGAN BANK

Die Narben der Wall Street

Am 16. September 1920 klapperte ein Pferdewagen zur Mittagszeit die Wall Street entlang und hielt vor der Zentrale der J.P. Morgan & Company Bank. Er beförderte eine Fracht, die die Geschichte erschüttern sollte: einen Zeitzünder, Metallkugeln mit Dornen und eine Ladung Sprengstoff, wahrscheinlich Dynamit. Während die Glocken der nahen Trinity Church Mittag schlugen, explodierte der Zeitzünder.

„Ich wurde in die Luft geschleudert“, berichtete ein Zeuge später, „die unglaubliche Kraft der Explosion riss mir den Hut vom Kopf.“ Die Schockwelle ließ die Fenster weit entfernter Wolkenkratzer erzittern. Ein Reporter der *Sun* und des *New York Herald* beschrieb die Szene mit Worten, die erschreckend an ein anderes, aktuelleres Unglück erinnern: „Es war ein Schlag aus heiterem Himmel, ein unerwarteter, tödlicher Blitz, der die geschäftigste Ecke von Amerikas Finanzzentrum augenblicklich in ein Schlachtfeld verwandelte.“ Das Pferd wurde zerfetzt: Seine Hufe fand man später nahe dem Trinity Friedhof.

Mit 38 Toten und Hunderten Verletzten war die Explosion auf der Wall Street der schlimmste Bombenanschlag in den USA vor Oklahoma City (1995) und der schlimmste in New York vor 9/11. Behörden stellten eine drei Jahre dauernde Untersuchung, die bis nach Russland Wellen schlug, an und führten unzählige Befragungen durch. Doch weder der Attentäter noch die Gruppe zu der er eventuell gehörte, konnte identifiziert werden. Es ist unwahrscheinlich, dass es ein irrer Einzeltäter war: Der Beginn des 19. Jhdt. war ein blutiger Kampf zwischen Kapital und Arbeit und 1920 konnte und wusste jeder von aktuellen Angriffen gegen amerikanische Einrichtungen zu berichten: Anschläge auf den Präsidenten, Briefbomben, Dynamit auf Bahnschienen und in Fabriken.

Heute wissen die meisten Menschen gar nicht, dass es auf der Wall Street eine Explosion gegeben hat. Doch das Vergessen hat hier praktisch Tradition. Zum fünften Jahrestag der Explosion berichtete ein Reporter des *Wall Street Journal*, dass Angestellte nicht wussten, warum die Marmorwand der Morgan Bank mit Narben übersät war – Narben, die noch heute zu sehen sind. „Wie schnell die Zeit doch die Erinnerung an schreckliche Ereignisse auslöscht“, schrieb er.

10.

Eingang an der Water Street 55
Linien N und R/Whitehall Street
Linien J und Z/Broad Street
Linien 2 und 3/Wall Street

THE ELEVATED ACRE

Ein überraschend ruhiges Fleckchen

Eine Stadt muss wirklich ein schräges Verhältnis zur Natur haben, wenn eine kleine Grasfläche – wie der Elevated Acre in Lower Manhattan – einen zum Schwärmen bringt. Schon der Name klingt erhaben. Diese versteckte Grünfläche ist vielleicht das Einzige, was sensible Bürohengste vor dem totalen Trübsinn rettet. An sehr sonnigen Tagen scheint das Gras wie eine Fata Morgana, die sich jeden Augenblick aufzulösen droht, um sich in das hässliche Dach einer richtigen Stadt zu verwandeln. Es ist egal, wie viel an Natur hier versteckt ist oder wie viele Leute sie genießen (morgens möglicherweise niemand) oder dass es sich in Wahrheit um Kunstrasen handelt. Aber es ist faszinierend zu sehen, wie urbane Merkmale – Höhe, Geometrie, Modernität – auf einen gewöhnlichen Rasen übertragen wurden. Es ist herrlich hier, oder, je nach Tagesverfassung, schrecklich.

Der Eingang liegt am breitesten und stärksten befahrenen Abschnitt der Water Street mit all ihren Konzernriesen. Die Grünfläche erreicht man über einen langen, sauberen Aufzug, der freie Sicht auf den Himmel verspricht. Im südlichen Teil des Acres gibt es Pflanzeninseln, die mehr oder weniger intime Bereiche bilden. Ganz egal, an welcher Neurose Sie leiden, Sie finden ganz bestimmt ein passendes Plätzchen. Am nördlichen Ende führen Betonstufen bzw. -bänke hinunter zum heiligen Rasen. Das ist der Ort, an dem Büroangestellte, die im Sommer aus den umliegenden Wolkenkratzern auf die Sonnenanbeter hinunterschauen, sich freuen oder deprimiert sind und auch eine schwungvolle Partie Frisbee möglich ist. Zum Inhalieren der Atmosphäre stellen Sie sich am besten an das Geländer, das Sie davor schützt, in den Old Slip zu stürzen. Der Rasen oben und die geschäftige Straße unten sind wahrlich ein seltsamer Anblick.

Doch ein Besuch beim Elevated Acre lohnt sich vor allem wegen der Aussicht in die andere Richtung. Man kann über den East River bis zu den Brooklyn Heights und hinunter zu den Krananlagen von Red Hook sehen. Flussaufwärts erstrecken sich die Brooklyn und die Manhattan Bridge, flussabwärts sieht man Governor's Island. Das ständige Brummen der Autos auf dem East River Drive und die knatternden Hubschrauber auf dem Helikopterlandeplatz nerven Ruhesuchende vielleicht. Doch am Geländer mit Blick über den vom Wind bewegten Fluss schätzt man den Acre für das, was er ist: ein relativ ruhiges Fleckchen inmitten des allgemeinen Trubels.

11.

Fraunces Tavern, 54 Pearl Street
fraucestavernmuseum.org
Linien N und R/Whitehall Street
Linien 4 und 5/Bowling Green
Linie 1/South Ferry

GEORGE WASHINGTONS ZAHN

Seltsame Relikte in der Fraunces Tavern

Die 1762 eröffnete Fraunces Tavern verfügt im Erdgeschoss noch immer über ein Restaurant und eine Bar. Das Obergeschoss ist jetzt ein Museum, in dem man tief in den Unabhängigkeitskrieg eintaucht. Gemälde, Waffen, Zeitungsausschnitte, Tagebücher – und zwei Naturobjekte, die sowohl rar als auch kurios sind: eine Haarlocke von George Washington und ein Stück eines seiner Zähne.

Die Taverne rühmt sich selbst als „das älteste noch bestehende Gebäude in Manhattan". Doch nur wenig ist hier alt. Das Gebäude wurde 1907 detailgetreu saniert, nachdem es vor dem Abriss bewahrt worden war (die Besitzer wollten hier einen Parkplatz bauen). Zum Glück: Denn die Taverne führt direkt ins postkoloniale New York. Es war kurz Washingtons letzte Residenz als General der amerikanischen Revolutionstruppen, und hier hielt er 1783 zu Kriegsende seine Abschiedsrede vor den Offizieren. Die Bedeutung des Gebäudes geht noch tiefer: In einer Stadt, die plötzlich Haupt-stadt einer frischgebackenen Nation war, diente die Taverne als Büro für das erste Kriegs-, das Finanz- und Außenministerium. Der sogenannte Long Room – der Ort des Abschieds – sieht heute noch so aus wie am 4. Dezember 1783.

Laut Offizier Benjamin Tallmadge, der zugegen war, hob Washington das Glas und drückte bei seinem offiziellen Abschied ein „Herz voll Liebe und Dankbarkeit" aus. Das Tagebuch von Tallmadge, das immer auf der betreffenden Seite aufgeschlagen ist, wird hier ausgestellt. Man fragt sich, was Washington wohl dazu gesagt hätte, dass auch Teile seines Körpers hier zur Schau gestellt werden. „Das erste, was die Leute fragen", sagt der junge Mann am Ticket-Schalter, „ist, wann wir ihn klonen können."

Die Körperrelikte befinden sich in einer Vitrine. Der Zahn ist in einen Anhänger integriert. Das Haar, in erstaunlich kräftigem Kastanienbraun (man verzeihe den Amerikanern, dass sie glauben, Washington kam mit weißen Locken zur Welt), ist in einem runden Rahmen platziert. Das Zahnfragment ist etwas gruselig, so als wäre ein toter Washington, wie das Heilige Kreuz, sorgfältig in Scheibchen geschnitten worden. Doch die Zahnprobleme des ersten Präsidenten sind legendär. Als er seinen Amtseid schwor (nur ein paar Blocks entfernt auf der Wall Street) besaß er nur noch einen Zahn. Dieser war mit einer unheimlichen Vorrichtung aus Nilpferdelfenbein, Gold, menschlichen Zähnen und Spiralfedern fixiert.

Tooth fragment
Dr. John Greenwood
United States, 1789–1798
Contrary to American legend, Washington's
dentures were composed of animal and human
teeth, not wood. Dr. John Greenwood made
five separate sets for Washington who seems to

12.

Bowling Green Park
Linien 4 und 5/Bowling Green

DER ZAUN VON BOWLING GREEN

Eines der ältesten Bauwerke Manhattans

Bowling Green, ganz am Ende des Broadways, ist der älteste Park New Yorks. Hier spielte sich auch eine der ironischsten Geschichten des Unabhängigkeitskrieges ab.
1765 trat der Stamp Act (Stempelsteuergesetz) in Kraft. Dieses Gesetz sollte das britische Militär finanzieren. Jedes offizielle Schriftstück aus den Kolonien musste demnach mit Steuermarken versehen sein. Das Gesetz war einfach durchzusetzen, doch rückblickend nicht sehr klug: Der Ärger, den es auslöste, war der erste Schritt der Kolonien in Richtung Revolte. Hier in New York war die Reaktion bezeichnend grob: Man zündete die Kutsche des königlichen Gouverneurs an und hängte und verbrannte eine Attrappe des Mannes hier in Bowling Green. Nachdem das Gesetz widerrufen wurde, beruhigte sich die Lage. 1770 zeigten die Briten abermals wenig Weitblick, als sie eine fast zwei Tonnen schwere Reiterstatue von König George III. liefern ließen. Die Statue, die von den New Yorkern bezahlt worden war und in der Mitte der Grünanlage platziert wurde, war aus vergoldetem Blei. Das Gold war hübsch, doch das Blei war, wie sich herausstellen sollte, eine schlechte Idee. In New York wird man sich freuen zu hören, dass Graffiti und Vandalismus in dieser Stadt eine lange Tradition haben. Als die Spannungen zunahmen, wurde die Statue derart beschädigt, dass um sie ein gusseiserner Zaun errichtet werden musste. Am 9. Juli 1776 wurde die Unabhängigkeitserklärung in New York auf dem Common (heute City Hall Park) verlesen, und ein Mob von Zivilisten und Soldaten im Freiheitsrausch stürmte den Zaun und warf die Statue um. Während König George zertrümmert wurde, kam ein einfallsreicher Rebell auf die Idee, dass man die zwei Tonnen Blei doch zu jeder Menge Gewehrkugeln verarbeiten könne – nämlich exakt 44.088. Es ist unklar, wie viele Rotröcke durch ein König-George-Geschoss starben.
Teile der Statue sowie die Marmorplatte, auf der sie stand, werden heute in der New York Historical Society aufbewahrt. Der Zaun ist noch immer hier. Er hält nun schon seit fast zweieinhalb Jahrhunderten die lärmende Stadt auf Distanz und ist eines der ältesten Bauwerke Manhattans.

BOWLING GREEN

13.

1 Bowling Green
Linien 4 und 5/Bowling Green
Linie 1/South Ferry
Linie R/Whitehall Street
Linien M, J und Z/Broad Street

BELGIEN AUF DEM ZOLLHAUS

Eine Allegorie Belgiens, die einmal Deutschland war

Moderne geopolitische Spannungen schlagen sich für gewöhnlich nicht in der Stadtarchitektur nieder, doch auf dem Custom House (Zollhaus) am Bowling Green ist das anders. Hoch oben stehen zwölf Marmorstatuen, die die großen Seemächte der Welt repräsentieren. Eine davon ist … Belgien. Doch Belgien hat, wie Sie vielleicht wissen, nur etwa 64 km Küste.

Das Customs House (jetzt die New Yorker Niederlassung des National Museum of the American Indian) wurde 1900 geplant und sollte das beeindruckendste Gebäude der Stadt werden. Der gesamte Welthandel wurde über diese Adresse abgewickelt und diese Thematik sollte mit Hilfe der Statuen festgehalten werden. Ganz unten verkörpern vier weibliche Allegorien von Daniel Chester French die vier Kontinente. Darüber sieht man den gemeißelten Kopf von Merkur, dem römischen Gott des Handels, sowie Porträts der „8 Rassen der Menschheit“. Auf dem Dachgesims nehmen die zwölf großen Seemächte, sowohl historische als auch moderne, erhabene Posen ein. Belgien ist die dritte von rechts. Mit Portugal und Dänemark auf der einen sowie Frankreich und England auf der anderen Seite ist sie klar unterlegen. Der Grund: Die Allegorie Belgiens war einst Deutschland. Nach Beginn des Ersten Weltkriegs war man der Meinung, dass für einen Feind kein Platz auf einem Regierungsgebäude sei, und der Finanzminister William McAdoo bat den Bildhauer, aus Deutschland Belgien zu machen. Es störte ihn nicht, dass Belgien damals keine Marine besaß: Es war verdammt noch mal ein Verbündeter der USA.

Und jetzt wird es noch interessanter. Sechs verschiedene Bildhauer arbeiteten an den Allegorien. Deutschland wurde als einzige von einem gebürtigen Deutschen angefertigt. Albert Jaegers, ein Amerikaner, der als Kind aus Europa hierherkam, war ein großer Künstler und bei deutschen Themen sehr gefragt. Als der Finanzminister ihn bat, sein eigenes Werk zu ruinieren, weigerte er sich. Jene, die solche Dinge gerne dramatisieren, waren sofort empört. Jaegers' Weigerung wurde als Treue zum Kaiser interpretiert, der dem Künstler einst einen Orden verliehen hatte. Vor die National Sculpture Society zitiert, verwies Jaegers darauf, dass sich die Identität der Statue nicht durch „ein paar Überarbeitungen und eine Umbenennung“ ändern ließe. Jedenfalls diffamierte man ihn, beraubte die Dame ihrer nationalen Insignien und meißelte *BELGIEN* in ihr Schild.

BELGIUM

14.

Nördliches Ende des Battery Park,
wo der Battery Place auf die State Street trifft
nycgovparks.org/parks/batterypark/highlights/8094
Linien 4 und 5/Bowling Green

DER FAHNENMASTSOCKEL DER NIEDERLÄNDER

Perlen im Wert von vierundzwanzig Dollar

Am 7. Dezember 1926 hielt die Netherland-America Foundation eine Zeremonie im Battery Park ab. Es war so kalt, dass kaum jemand kam. Die Mitglieder der Blaskapelle drängten sich in Taxis zusammen. Anlass war der 300. Jahrestag der Besiedlung Manhattans durch die Niederländer. Zur Erinnerung wurde ein großer, rosafarbener Fahnenmastsockel aus Stein enthüllt: von einem Niederländer gefertigt und von den braven Bürgern in Holland bezahlt. Es gibt ihn noch heute.

Wenn eine Episode aus der Geschichte New Yorks bekannt ist, dann jene, die hier dargestellt wird: der berüchtigte Verkauf von Manhattan, bei dem die holländischen Siedler den Indianern die Insel für eine Handvoll Perlen im Wert von 24 Dollar abkaufen. Die New Yorker mögen die Legende: ein unfaires Immobiliengeschäft, bei dem die vorausschauende Partei gewinnt und der Tölpel sein letztes Hemd verliert. Doch wie man an einem Detail auf dem Sockel erkennt, stimmt die Legende nicht: am Warbonnet (Kopfschmuck) des Indianers. Diesen Fehler findet man auf Abbildungen in der ganzen Stadt. Warbonnets wurden von Prärie-Indianern und niemals von Algonkins getragen. Es ist vielleicht nur ein Detail, aber eines, das alles andere möglich macht.

So gibt es z. B. kein Dokument zum Verkauf von Manhattan – nur eines zum Verkauf von Staten Island. Da kommt auch die Idee mit den Perlen her. Vielleicht wurde Manhattan für dasselbe verkauft wie Staten Island – Werkzeug, Stoffe, Wampum. Doch die Legende betont die Perlen: den dummen Indianer, der geblendet von ein bisschen Schmuck sein Geburtsrecht verkauft haben soll. „Unsere Völker sind guter Dinge und leben in Frieden", heißt es in einem Brief, die einzige Aufzeichnung zu diesem Tausch. „Sie haben den Wilden die Insel Manhattan um 60 Gulden abgekauft." Das ist alles, was wir wissen. Die 60 Gulden gingen für immer als 24 Dollar in die Geschichte ein.

Doch was ist ein Dollar? Die Vorstellungen der Ureinwohner in Bezug auf Geld oder Landbesitz waren für die Europäer undurchschaubar. So mussten die Holländer „Staten Island insgesamt fünfmal kaufen". Für die Indianer war der „Verkauf von Manhattan" wohl eher eine Art Miete, sonst hätten sie Waren für das Land verlangt, zu dem ihr Stamm keinerlei Verbindung hatte. Wahrscheinlich lachten sich die Lenape, die Manhattan verkauften, zu Hause über die bleichen, kleinen, dickbäuchigen Seefahrer kaputt, die nach Hundsdreck und Käse rochen und so weit gereist waren, um übers Ohr gehauen zu werden.

UNBROKEN FRIENDSHIP THIS FLAGPOLE
IS PRESENTED TO THE CITY OF NEW YORK
BY THE DUTCH PEOPLE 1926

15.

Battery Park, im Nordwesten des Castle Clinton
nycgovparks.org
Linien 4 und 5/Bowling Green
Linie 1/South Ferry
Linie N und R/Whitehall Street

DAS AMERICAN MERCHANT MARINERS' MEMORIAL

Keine Überlebenden!

Auf einem steinernen Wellenbrecher drängen sich bronzene Seeleute auf dem Deck eines sinkenden Schiffs. Einer versucht einen Gefährten aus den Wellen zu retten, ein anderer hebt die Arme hoch und ruft um Hilfe. Das American Merchant Mariners' Memorial wirkt in seiner Dramatik so lebendig, da es auf einem Foto basiert. Dieses Foto beruht auf einer Geschichte aus Zufällen und Abenteuern, und in ihrem Zentrum steht ein Mann, dessen Name nirgends auf dem Denkmal aufscheint.

George W. Duffy war kaum 20 Jahre alt, als sein amerikanisches Handelsschiff im September 1942 von einem deutschen U-Boot vor Südafrika versenkt wurde. Die Überlebenden brachte man auf ein feindliches Versorgungsschiff, wo sie einen Monat lang dahinsiechten. Dort stieß Duffy beim Durchblättern der *Berliner Illustrierten Zeitung* auf einen Bericht über einen versenkten US-Öltanker. Ein Foto zeigte sieben Männer in einem Rettungsboot, die Duffy sofort als Matrosenkollegen erkannte. Da er dachte, das Foto würde sie später amüsieren, und „unter der naiven Annahme, dass der Krieg bald vorbei wäre", riss er die Seite heraus und behielt sie.

Duffy und die anderen Gefangenen wurden den Japanern übergeben. Während der nächsten drei Jahre lebte er in Lagern auf Java, in Singapur und auf Sumatra, bis er 1945 gemeinsam mit anderen „lebenden Skeletten" von den Briten befreit wurde. Und die ganze Zeit über hatte er das Zeitungsfoto bei sich. „Nach dem Krieg", schrieb er, „kontaktierte ich alle Öltankerfirmen, die ich in New York fand. Niemand konnte die sieben Männer identifizieren." Und so ruhte die Angelegenheit 40 Jahre, bis ein Historiker das Foto in den frühen 1980er-Jahren vom FBI analysieren ließ. Auf einer vergrößerten Schwimmweste konnte man zum ersten Mal den Namen des Handelsschiffes erkennen: *Muskogee*. Das Foto war von einem deutschen Journalisten von demselben U-Boot aus aufgenommen worden, das den Öltanker versenkt hatte. Die auf dem Foto festgehaltenen Seeleute sind die letzten Aufnahmen von toten Männern: Berichten zufolge verlor die *Muskogee* die gesamte Besatzung. „Kein Überlebender!" schrieb Duffy. „Und all die Jahre hatte ich nach Überlebenden gesucht."

Die französische Bildhauerin Marisol stützte sich für den Entwurf des Denkmals auf Duffys Foto. Es wurde 1991 eingeweiht.

16.

Ellis Island
Fährentickets erhältlich am Castle Clinton im Battery Park
nps.gov/elis/index.htm

GRAFFITI-SÄULEN AUF ELLIS ISLAND

Die anderen Einwanderer

Die klassische Ellis-Island-Geschichte beschreibt nur eine Richtung: Die Freiheitsstatue erhebt ihre Fackel, um einlaufende Schiffe von weither willkommen zu heißen. Kaum jemand spricht über Schiffe in die andere Richtung: mit den Leuten, die es mit viel Mut und großen Opfern hierher geschafft hatten und schließlich wieder vertrieben wurden. Im dritten Stock des Hauptgebäudes, direkt über dem Registrierraum, kommt man diesen Leuten seltsam nahe. Dort gibt es zwei Säulen, die von oben bis unten mit Bleistiftzeichnungen bedeckt sind.

Barry Moreno ist Bibliothekar und Historiker auf Ellis Island und Autor von *The Encyclopedia of Ellis Island* und *The Statue of Liberty Encyclopedia*. Er kann die Säulen von seinem Schreibtisch aus sehen.

„Die Touristen bekommen zu hören", sagt er, „dass Tausende von Einwanderern jeden Tag von den Schiffen nach Ellis Island strömten – zur Zeit der Masseneinwanderung. Und das ist die Hauptgeschichte, die sich zwischen 1892 und 1924 abspielte." 1921 führte die amerikanische Regierung Einwanderungsquoten ein. Ab diesem Zeitpunkt bis zum Zweiten Weltkrieg wurde Ellis Island zum Auffanglager für unerwünschte Fremdlinge. „Hier gab es Prostituierte, Ex-Sträflinge, Penner und Landstreicher", sagt Moreno. „Leute aus Kranken- oder Waisenhäusern, Leute, die wahnsinnig waren oder Epilepsie hatten. Alkoholiker ..." Einige dieser Menschen lebten seit Jahren in den Staaten. Viele kamen sogar aus Mexiko oder Kanada, bevor die Grenzen durchgesetzt wurden.

Man verhaftete sie für irgendein Vergehen in Seattle, Kansas City, Chicago, und wenn sie keine Einwanderungspapiere hatten, wurden sie in Züge gesteckt. „Die Züge landeten in New York", sagt Moreno, und alle Inhaftierten – Hunderte von ihnen – wurden bewacht nach Ellis Island gebracht. Genau hinter den Säulen war das Büro, in dem Abschiebungen bearbeitet wurden.

Anders als ankommende Einwanderer, die innerhalb von Stunden registriert und in die Stadt entlassen wurden, mussten die Inhaftierten hier lange warten. Gegen die Langeweile, um zu rebellieren und um ein Zeichen in dem Land zu hinterlassen, das sie nicht wollte, kritzelten sie die Wände voll. Es gibt Karikaturen von Beamten, Tiere, Gesichter und zarte Frauenporträts. Ein Mann scheint mit folgendem Zeugnis auf italienisch seine legale Einreise in die USA bekräftigen zu: „Cecchini, Giuseppe" lautet seine Botschaft. „Am Samstag, den 18. Mai 1901 auf der Battery angekommen."

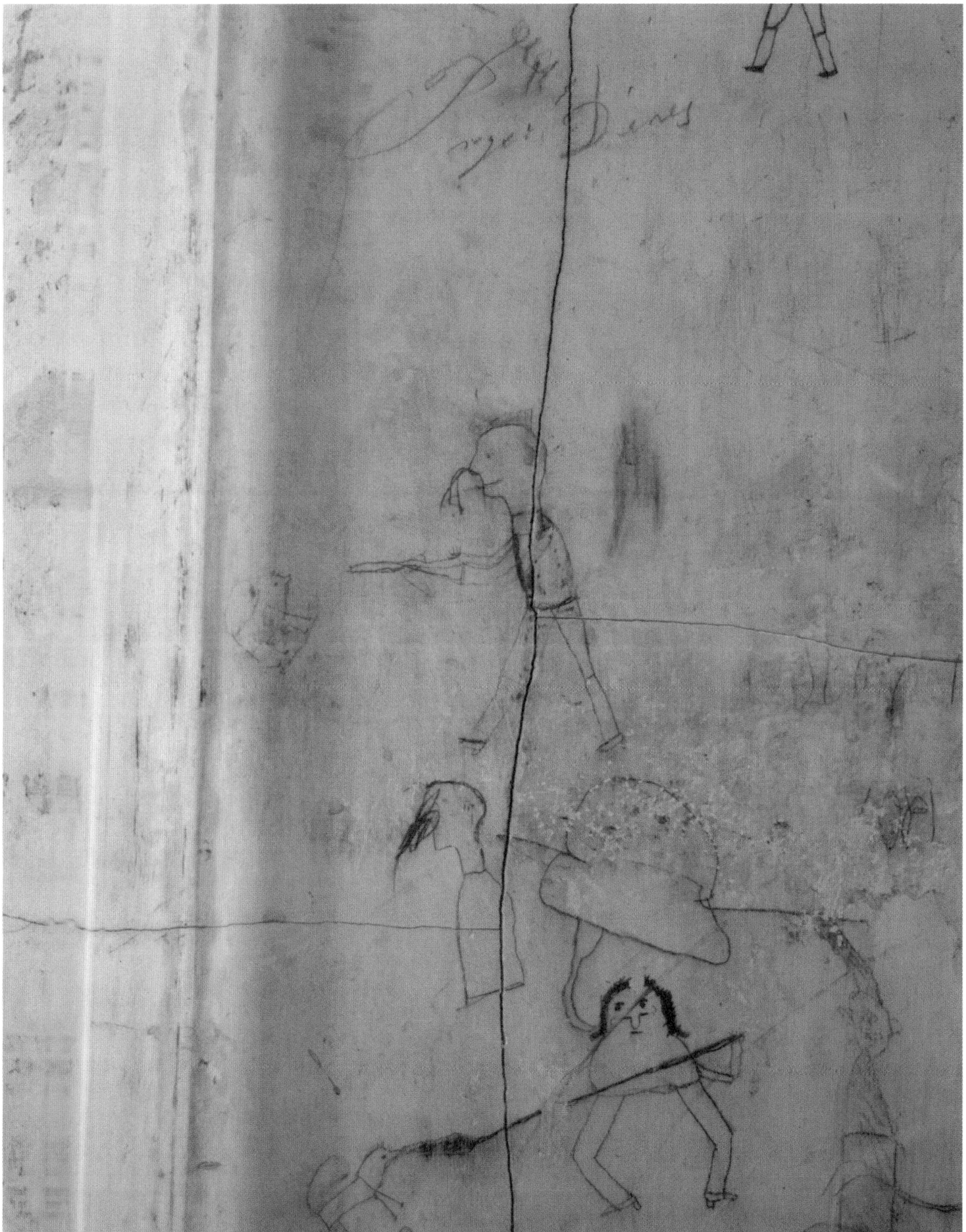

ZWISCHEN CHAMBERS UND HOUSTON

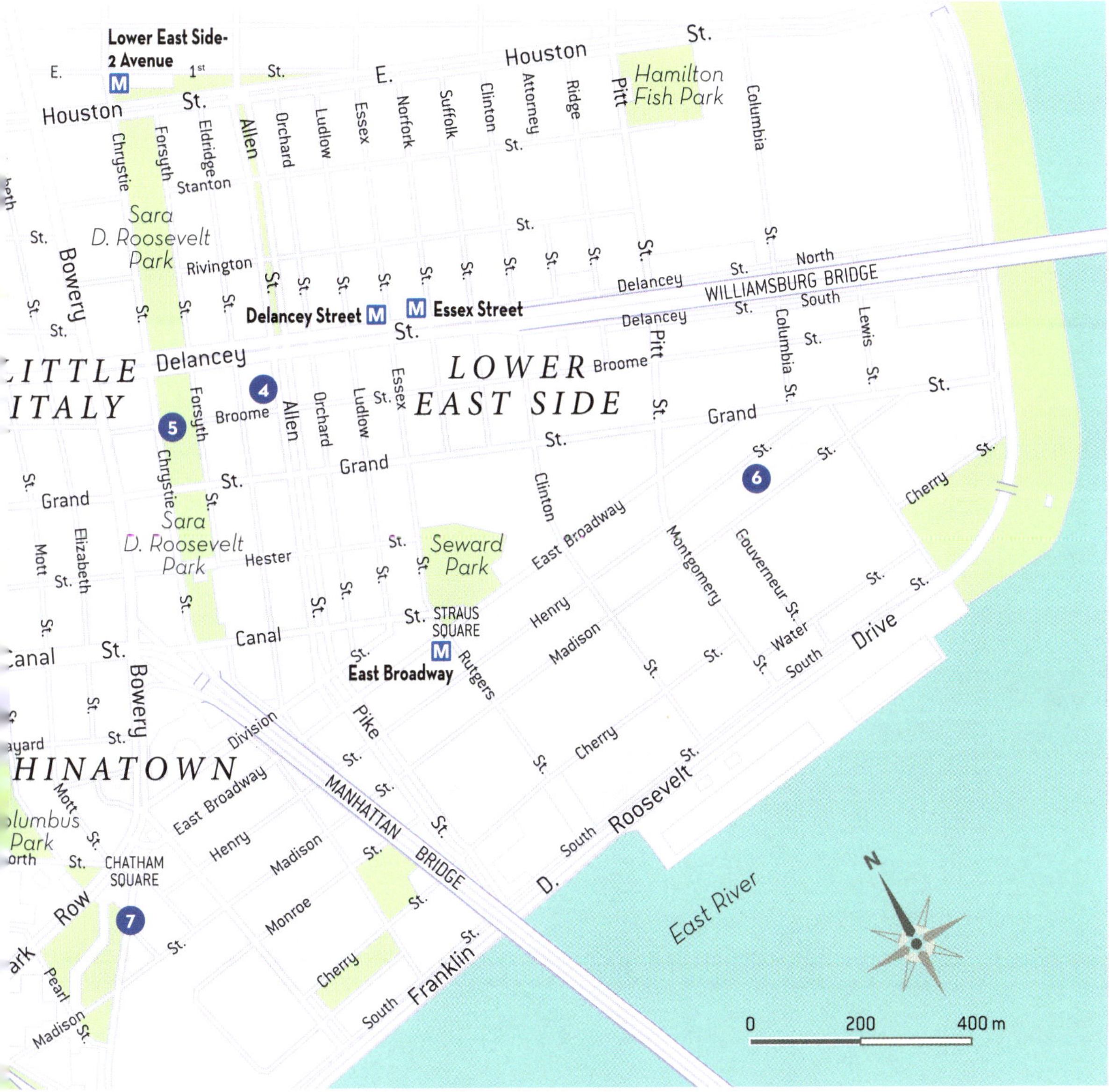

07. DER FRIEDHOF
DER GEMEINDE SHEARITH
ISRAEL *S. 62*

08. MMUSEUMM *S. 64*

09. HOHLE
GEHWEGE *S. 66*

10. DIE SALZHALLE
IN DER SPRING STREET *S. 68*

01.

Foto 1: Kreuzung 5th Avenue/110th Street
Linien 4 und 6/103rd St
Foto 2: Jersey Street
Linien B, D, F und M/Broadway – Lafayette

DIE SCHACHTDECKEL DES CROTON-AQUÄDUKTS

Relikte eines riesigen öffentlichen Wasserprojekts

Zwei trotz ihrer Lage auf der Fifth Avenue und der Jersey Street in Soho unbemerkte Schachtabdeckungen sind quasi die letzten, die das Word „Croton" tragen. Sie sind Relikte des riesigen Bauprojekts, das Anfang des 19. Jhdt. Trinkwasser nach Manhattan brachte; und die Abdeckung auf dem Foto unten ist wohl die älteste der Stadt.

Man würde meinen, dass frisches Wasser hier mit den drei Flüssen, die die Stadt umgeben, kein Problem wäre. Doch diese Flüsse sind salzhaltig. Und zwei von ihnen, der Harlem und der East River, sind keine richtigen Flüsse, sondern den Gezeiten unterworfene Meerengen. Die Quellen und Bachläufe, die die Siedler mit frischem Wasser versorgten, waren zunehmend verschmutzt und zugeschüttet. Der Großteil der stetig wachsenden Bevölkerung bediente sich bald aus Zisternen, Brunnen und Regentonnen. Einige der Folgen sind offensichtlich: Krankheiten und erhöhte Brandgefahr.

Einige weniger: Alkoholismus (Schnaps war sauberer als Wasser) und die Gründung der Chase Manhattan Bank, deren anfängliches Ziel die Wasserversorgung der Reichen war. Das Croton-Aquädukt veränderte alles. Das Aquädukt arbeitete allein mit der Schwerkraft, um frisches Wasser von der Quelle, dem Croton River 64 km nördlich, hierher zu leiten. Eine Technologie, die einem alten Römer nur ein müdes Lächeln entlockt hätte. Man begann 1837 mit dem Bau und nur fünf Jahre später flossen täglich 270.000 m³ Wasser, mit einem Gefälle von 38 cm auf 1,6 km, Richtung Manhattan. Es gab zwei Wasserspeicher in der Stadt. Der südlichste, das Croton Distributing Reservoir, war ein herrliches Wasserschloss mit 15 Meter hohen und 7,5 m dicken Mauern aus Granit. Die New Yorker gingen oben gerne spazieren, um den herrlichen Blick über die ganze Stadt und das betörende Schillern des Mondlichts auf dem 1,6 Hektar großen See zu genießen.

Das Reservoir im ägyptischen Stil sollte die Wasserversorgung der Stadt für die nächsten Jahrhunderte garantieren. Doch schon nach fünfzig Jahren war es überlastet. Ein zweites System wurde installiert (es versorgt Manhattan noch immer mit 10 % seines heutigen Wasserbedarfs), doch das riesige Croton Reservoir wurde abgerissen, um der Zentrale der New York Public Library Platz zu machen.

Reste des Aquädukts – Wege, Torhäuser, Brücken – findet man überall in der Bronx und in Manhattan.

1

2

02.

141 Wooster Street
diacenter.org
Linien B, D, F und M/Broadway – Lafayette Street
Linien N und R/Spring Street

THE NEW YORK EARTH ROOM

Geruch der Erde

Wenn die Geschichte New Yorks eine Immobiliengeschichte ist, dann ist der Earth Room in der Wooster Street eine Geschichte des Grauens. In einem Loft auf der ersten Etage eines Neorenaissance-Gebäudes in einem der angesagtesten Viertel der Stadt ... gibt es ein Zimmer voller Erde. 127.300 kg verteilt auf 335 m² in 56 cm Höhe. Laut der Dia Art Foundation ist der Earth Room eine „Innenskulptur", doch hauptsächlich ist es ein Raum voller Erde.

Auf der Wooster Street drängen sich Schuhläden und Boutiquen. Der einzige Hinweis auf das Werk eines großen amerikanischen Künstlers in Nummer 141 ist ein Schild, das Besucher auffordert, bei 2B zu klingeln. Sobald man das schmale Stiegenhaus betritt, riecht man, was einen erwartet. „Das ist gut", sagt William Dilworth hinter dem Schalter im Empfangsbereich. „Ich fürchtete schon, der Geruch wäre über die Jahre verflogen." Dilworth ist für die Pflege der Skulptur zuständig. Er lächelt milde und ihn umgibt die kontemplative Aura, die man von jemandem erwartet, der sich täglich um 140 Tonnen stumme Erde kümmert. „Ich gieße und harke sie." Er zupft auch die von Zeit zu Zeit sprießenden grünen Sprösslinge aus. Denn das hier ist lebendige Erde. Sie ist schwarz und feucht. Nichts sonst befindet sich in diesem großen, weißen Raum. Und man ist nur durch eine kniehohe Glasscheibe von ihr getrennt.

Vom Künstler Walter De Maria (1935–2013), einem Vertreter des Minimalismus und der Land Art, kennt man vielleicht die Installation *Lightning Field*, 400 Edelstahlstäbe, die senkrecht in der Wüste von New Mexiko errichtet wurden. Dilworth kann alle Fragen zu den praktischen Details des Projekts beantworten, überlässt es aber dem Besucher, den Faszinationsgrad der Erde zu beurteilen. Der Untergrund ist in Ordnung: Zur Überprüfung werden Löcher gegraben. Die Erde reicht bis zum Boden. Woher sie stammt, ist ungewiss, doch Dilworth meint „irgendwo aus Pennsylvania". De Maria wählte sie aufgrund der Farbe aus.

Die Dia Art Foundation nutzt urbane Industrieflächen für die Kunst und hat es sich zur Aufgabe gemacht, ortsbezogene Installationen wie den *Earth Room* zu finanzieren, der seit 1980 hier ausgestellt wird. *The Broken Kilometer*, ein weiteres von Dia in Auftrag gegebenes Werk von De Maria, befindet sich nur zwei Blocks entfernt am 393 West Broadway. Es besteht aus 500 polierten, 2 Meter langen Messingstäben, die auf dem Boden angeordnet sind.

141
STAND PIPE

03.

110 Green Street
Linien N und R/Prince Street

DIE FLOATING MAP AUF DER GREEN STREET

Ameisen oder Elektronen

Auf der Green Street gerät man angesichts der seltsamen Linien auf dem Gehsteig einen Moment ins Grübeln. Zuerst denkt man an ein vergrößertes Flussdiagramm oder einen Schaltplan und das trifft es schon fast. Das Edelstahl-Muster ist ein Urban-Art-Kunstwerk der belgischen Künstlerin und Architektin Françoise Schein und war lange der größte U-Bahnplan New Yorks.

„Meine Künstlerkarierre begann auf einem Gehsteig in SoHo", schreibt Schein in ihren Projektnotizen. Die Künstlerin kam 1978 nach New York, um Städteplanung an der Columbia Universität zu studieren. Inmitten mathematischer Studien und des anbrechenden Informationszeitalters beeindruckte sie die rohe Kraft des New Yorker Verkehrs. „Die U-Bahn faszinierte mich: der Dreck, das Lebendige, die Graffitis, die Millionen Passagiere, die sie täglich nutzten, wie Ameisen oder Elektronen in einem Computer …"

Beim Anflug auf New York, als die Lichter der Stadt durch das Fenster näherkamen, hatte sie eine kreative Eingebung: Es war, als würde man in einen riesigen Mikrochip eintauchen.

Françoise Schein setzte diese Eindrücke künstlerisch um, als der Bauunternehmer Tony Goldman sie 1984 fragte, was sie mit dem Gehsteig vor seinem Gebäude in der Green Street machen würde. Sie schlug ein Projekt mit dem Namen *Subway Map Floating on a New York Sidewalk* (U-Bahnplan auf einem New Yorker Gehsteig) vor. Goldman sagte sofort: „Das kaufe ich."

Ganz nach dem New Yorker Motto, dass Schüchternheit einen nicht weiterbringt, verbrachte Schein das nächste Jahr damit, ihren Entwurf einer Jury des SoHo-Gemeindevorstands zu präsentieren. Sie ertrug den Spott des Beamten aus dem Verkehrsministerium, der die junge Architektin in T-Shirt und Sportschuhen unzählige Male erklären ließ, warum New York ein riesiges stadtphilosophisches Puzzle brauchte. Als der Entwurf abgesegnet war, begann Schein Edelstahl zu schneiden und zu schweißen, Terrazzo zu gießen und Glas für die Stationen zu blasen. Für das fertige Projekt erhielt sie 1985 den Award for Excellence in Design von Bürgermeister Koch. Schein setzte weiter auf Urban Art in U-Bahnen mit Werken in Lissabon, Brüssel, Berlin, Paris und Stockholm.

04.

280 Broome Street
kkjsm.org
Linien B und D/Grand Street
Linie J/Bowery
Linie F/Delancey

KEHILA KEDOSHA JANINA SYNAGOGUE

Die einzige romaniotische Synagoge in der westlichen Hemisphäre

Von den hunderten Synagogen, die es Ende des 18. und Anfang des 19. Jhdt auf der Lower East Side gab, bestehen nur noch fünf als eigenständige Gotteshäuser. Eine davon ist eine Rarität: die Janina Synagoge auf der Broome Street: die einzige romaniotische Synagoge der westlichen Hemisphäre.

Wenn Ihnen romaniotische Juden nichts sagen, hat das gute Gründe. Die Romanioten, eine kleine Gruppe abseits der großen Fraktionen des Judentums, den Aschkenasen (ursprünglich in Osteuropa beheimatet) und den Sepharden (Spanien und Portugal), siedelten sich in Griechenland an, ihre Traditionen gehen auf die alten Römer zurück.

Manchmal wurden sie von anderen Juden, die es besser wissen müssten, ausgegrenzt, und im von Aschkenasen dominierten New York wurden sie sogar verachtet. „Sie sahen auf diese Gemeinschaft herab", meint Marcia Ikonomopoulos, Direktorin des Janina Museums. „Wie konnte man jüdisch sein, ohne Jiddisch zu sprechen? Also, wir konnten es. Und wir sind noch immer hier."

Man kann Janina mit dem prächtigsten Gotteshaus im Viertel vergleichen, der Synagoge auf der Eldridge Street. Eldridge verfügt über eine mitreißende Geschichte, die praktisch Millionen berührt. Der Charme der Janina hingegen ist subtil. Sie ist klein, bescheiden, sogar etwas schäbig Der Hauptraum ist, wie üblich, geteilt. Frauen sitzen oben, Männer unten. Doch der Raum ist klein und die Sonne, die durch die Lichtkuppel in der Mitte scheint, füllt ihn aus.

„Wenn ein Mann hier saß", sagt die Geschäftsführerin Ikonomopoulos, „saß seine Frau hier oben, ihm gegenüber, und sie konnten einander sehen. Er konnte sie auffordern, still zu sein und nicht mit ihren Freundinnen zu reden, und sie konnte ihn auffordern, mit dem Zeitunglesen aufzuhören. Ich beschreibe diese Gemeinde gerne als weniger neurotisch orthodox."

Für Frau Ikonomopoulos ist dieses Understatement sehr wichtig, Sogar die Tora der Synagoge ist äußerst schlicht: Die Krone, die die Truhe aus Olivenholz ziert, ist aus einfachem Blech, in das ein Davidstern geschlagen wurde, vielleicht mit einem Nagel. „Sie wollten niemanden beeindrucken", sagt sie. „Sie suchten nach einem Ort, an dem sie sich zu Hause fühlen konnten."

Die griechischen Romanioten sind die Juden, die am längsten ununterbrochen in Europa leben, über 2.300 Jahre.

EXIT
EXIT

05.

Chrystie Street Höhe Broome Street
nycgovparks.org/parks/saradroosevelt
Linie F/2nd Avenue
Linien 4 und 6/Spring Street
Linie J/Bowery

DIE VOGELBAUER IM SARA D. ROOSEVELT PARK

Eine tausend Jahre alte Tradition in einer Parkecke

In den dunklen, aufregenden 1980er-Jahren war der Sara Delano Roosevelt Park in Chinatown ein grauer, trauriger Ort, voller Drogendealer und Junkies. Dann beanspruchten ein paar chinesische Einwanderer langsam einen Teil des Rasens für ihr völlig gegensätzliches Hobby: die Aufzucht und Präsentation von Singvögeln. Jeden Morgen lehnen die Vogelmänner schwatzend und rauchend am Zaun und beobachten Dutzende exotische Vögel in ihren Bambuskäfigen. Die Tradition gibt es seit tausend Jahren.

Der Vogelbereich ist mit einem Seil abgesperrt, an dem winzige Singvögel in kleinen Käfigen hängen. Dahinter auf dem Boden stehen größere Käfige: Darin sind dunkelgelbe Vögel, knapp 30 cm groß, mit hellen Schnäbeln und erstaunlichen Augen. „Das ist der Hua-Mei", sagt Tommy Chan. „Er ist der herausragendste der Vögel."

Der Hua-Mei ist eine in China heimische Drossel, und sein Gesang verspricht Romantik, so wie jener der Nachtigall im Westen. Chan ist Züchter und Sammler. Sein langes schwarzes Haar ist zu einem Zopf gebunden und mit einer Pelzkappe bedeckt. Er trägt Silberringe an den Fingern, und seinen grauen Bart hält er mit einem Gummiband zusammen. Er ist der Mann, den man zurecht für den obersten Vogelkenner halten würde. „In der Ming-Dynastie", sagt er, „diente das Auge dieses Vogels berühmten Dichtern, um eine schöne Frau zu beschreiben. Zum Beispiel: Deine Augen sind schön wie die eines Hua-Mei." (Auf Chinesisch bedeutet Hua-Mai „bemalte Braue") „Und wenn du gut singst, sagt man: du singst wie ein Hua-Mei."

Wenn ein singender Hua-Mei Poeten zum Schwärmen bringt, müssten zwanzig Vögel wie ein Höllenkonzert klingen. Doch seltsamerweise tut es das nicht. Die Vögel sind sehr aktiv, sie wenden und drehen sich oder schlagen im Käfig Rückwärtsrollen. Einige drehen ihre Köpfe sogar zur Seite und pressen ihre umrandeten Augen an die Stäbe, um einen besser sehen zu können, während sie trällern, oder sie stecken ihre offenen Schnäbel durch die Lücken rund um die Käfigtür. Jeder Hua-Mei singt anders. „Das unterscheidet sie von den meisten Vögeln", sagt Chan.

„Wenn du deinen Vogel eine Weile singen hörst, weißt du, dass es deiner ist." Als wir fragen, ob der Vogel, den er hält, sein eigener ist, blinzelt er und erklärt uns die oberste Regel. „Nie den Vogel eines anderen berühren."

06.

333 Madison Street
staugnyc.org
Linie F/East Broadway oder Delancey Street
Linien J, M und Z/Essex Street

DIE SKLAVENGALERIE IN ST. AUGUSTINE

Eine Bank für Unerwünschte

In der St. Augustine's Church auf der Henry Street gibt es unten Kirchenbänke und oben eine Galerie. Im hinteren Bereich über der Galerie existiert eine weitere Ebene, hinter einer Art offenem Oberlicht versteckt. Diese während des Baus 1828 in die Kirche integrierten Nischen wurden Sklavengalerien genannt. Sie sollten schwarzen Kirchgängern den Kirchenbesuch ermöglichen und sie gleichzeitig so unsichtbar wie möglich machen.

Ein Besuch in St. Augustine beginnt mit einem historischen Abriss über das Gebäude und die Umgebung. Alle sitzen bequem auf den unteren Kirchenbänken. Dann ändert sich die Stimmung: Besucher werden gebeten, die enge Treppe zu den abgetrennten Galerien hinaufzusteigen, auf den einfachen Holzstufen Platz zu nehmen und zu versuchen, sich in die Menschen zu versetzen, die gezwungen waren, dieses Versteckspiel als ganz natürlich zu akzeptieren. „Schließen Sie für einen Moment die Augen", sagt Reverend Hopper, der Dekan, „und stellen Sie es sich vor." Heute hat es hier oben weit über 40° C. Die Besucher schwitzen in ihrer Kleidung. Die Sicht in den unteren Kirchenbereich wird vom Oberlicht begrenzt. Man sieht nur die Hälfte der Kanzel, doch der Effekt ist nicht nur ein optischer. Der offene Raum dort unten scheint eine andere, weit entfernte Welt zu sein.

Dekan Hopper hat die Galerien gemeinsam mit dem Lower East Side Tenement Museum restauriert. Jedes Brett und jeder Nagel wurde erhalten, und die Westseite wurde nach einer Expertenanalyse so ausgemalt, wie sie vor 180 Jahren ausgesehen hat.

Der Begriff „Sklavengalerie" (*slave gallery*) ist kulturell korrekt, wirft hier jedoch Fragen auf. New York schaffte die Sklaverei, dem System der „schrittweisen Freilassung" folgend, am 4. Juli 1799 ab: Männer, die vor diesem Datum geboren wurden, blieben Sklaven, bis sie 28, Frauen, bis sie 25 waren. St. Augustine wurde ein Jahr, nachdem der letzte männliche Sklave freigelassen wurde, erbaut. Doch die Existenz der Galerien zeigt, dass die Freiheit der Freilassung oft hinterherhinkt.

07.

55 St. James Place
shearithisrael.org / 1654society.org
Linien J und Z/Chambers Street
Linien 4, 5 und 6/Brooklyn Bridge – City Hall

DER FRIEDHOF DER GEMEINDE SHEARITH ISRAEL

Amerikas andere Pilger

Dieses simple Stück Land ist nicht nur das älteste koloniale Wahrzeichen in Manhattan, sondern auch der älteste jüdische Friedhof der USA.

Der erste aktenkundige New Yorker Jude ist Jacob Barsimson, der auf der *Pereboom* (Birnenbaum) aus Holland hier ankam, mit einer Mission, die die Geschichte der Stadt und der Nation prägen sollte: herauszufinden, ob eine größere jüdische Population in New Amsterdam willkommen sei. Die kurze Antwort: Ja. Die lange Antwort war eine altbekannte Schikane. Gouverneur Petrus Stuyvesant (siehe Seite 112) wollte nichts mit den „betrügerischen Geschäften" jüdischer Siedler zu tun haben, und der Geistliche Johannes Megapolensis erging sich in Schimpftiraden, die jeden zum Schmunzeln bringen, der die Vielfalt New Yorks schätzt. „Da es Papisten, Mennoniten und Lutheraner bei den Niederländern gibt", schrieb er, „sowie Puritaner, Unabhängige, Atheisten und verschiedene Diener Baals bei den Engländern, gäbe es noch größere Verwirrung, wenn sich jetzt die dickköpfigen Juden hier ansiedelten."

Sie kamen und sie blieben. Zwei Monate nach Barsimson kamen die ersten aus Recife (jetzt Brasilien) an, deren Geschichte wie ein historischer Thriller klingt: Flucht vor den inquisitionsbesessenen Portugiesen, ein verzweifelter Vorstoß nach Europa, von spanischen Piraten gefangen und schließlich durch einen französischen Privatier gerettet.

Einige reiche jüdische Kaufleute kamen 1655 mit ihren Familien aus Holland: Im selben Jahr verlieh die Niederländische Westindien-Kompanie der neuen Gemeinschaft das „Aufenthalts- und Handelsrecht" für die Stadt.

Aus Aufzeichnunen geht hervor, wie sehr sich diese ersten Juden ihren eigenen Friedhof wünschten: Der erste Antrag wurde mit der Begründung zurückgewiesen, dass noch niemand gestorben sei.

Der älteste Shearit-Israel-Friedhof stammt von 1656. Sein genauer Standort ist nicht bekannt, doch befand er sich wahrscheinlich in der Nähe des Chatham Square, ganz in der Nähe des zweiten, noch heute bestehenden Friedhofs. Für einen so geschichtsträchtigen Ort wirkt er heute sehr unromantisch. Eine Handvoll Grabsteine, die Hälfte unleserlich, hinter einem Zaun. Gegenüber steht das Chinatown Kampfsport- und Fitness-Center. Südlich befinden sich die unschmucken Chatham Green Apartments. Im Norden steht ein Verkehrspolizist an der Ecke St. James Place und Oliver Street und ruft: „Los, weiter! Macht schon, es gibt nichts weiter zu sehen."

08.

Cortlandt Alley zwischen Franklin und White Street
mmuseumm.com
Linien N, Q, R, J und 6/Canal Street

MMUSEUMM

Exponate in einem stillgelegten Lastenaufzug

Das Mmuseumm ist ein etwa 0,5 m² großer Ausstellungsraum, der sich in einem stillgelegten Lastenaufzug in einer kleinen Gasse mitten in Manhattan befindet. Es ist nur am Wochenende geöffnet, doch die Stahltore haben Sichtfenster und über die jeweiligen Nummern kann man Informationen zu den schrägen Objekten abrufen (die alle sichtbar sind). So ist es das einzige 24-Stunden-Museum der Stadt. Aber es gibt hier auch noch etliche andere interessante Besonderheiten.

„Willkommen", sagt Alex Kalman, öffnet das Vorhängeschloss an der Tür und schwingt seinen Arm mit selbstironischer Würde. Der Museumscharakter dieses winzigen Raumes bewegt sich auf einem schmalen Grat. Zierleisten, weiße Regalböden, üppiger Samt, gravierte Messingplatten. Es gibt sogar ein „Café" (eine schmale Espressomaschine) und einen „Shop" (ein 30 cm breites Regal, auf dem Bleistifte mit dem schicken Mmuseumm-Logo liegen). Da die äußere Aufmachung so echt ist, weiß man nicht genau, ob das hier eine Parodie sein soll oder nicht. Kalman bekennt: „Natürlich spielen wir mit der Idee eines Museums." Und das sehr durchdacht. Kalman gründete diesen Raum mit seinen Geschäftspartnern und High-School-Freunden als weiteres Ventil für die Konzepte, denen das Trio bei Red Bucket Films nachgeht (das Büro ist gleich um die Ecke auf dem Broadway). „Wir sagen: Warum kann das hier kein Museum sein? Doch gleichzeitig versuchen wir, die Eckpfeiler zu berücksichtigen."

Das ganze Konzept versagt, wenn die Exponate nicht faszinieren. Und das entscheiden Sie. Aber seien Sie auf rätselhafte Objekte gefasst. Warum ist dieser einfache braune Schuh hier? Er wurde 2008 von einem irakischen Reporter auf George W. Bush geschleudert. Auch kunstvolle Seifen gibt es hier, geschnitzt von Neonazis, die im Gefängnis jede Menge Freizeit haben. Oder die wohl einzige Sammlung schusssicherer Kinderrucksäcke mit Disney-Motiven.

„Keine Kunst um der Kunst Willen" ist Kalmans goldene Regel. „Wir wollen Exponate, die unsere Gesellschaft quasi auf natürliche Weise durchlaufen haben. Und durch sie wollen wir einen Blick auf die Gesellschaft werfen."

RAKO

09.

Green Street Ecke Canal Street
Linien N und R/Canal Street

HOHLE GEHWEGE

Ein lichtdurchlässiger Gehsteig

Auf der Ostseite der Green Street, an der Ecke zur Canal Street, werden Fußgänger und Autofahrer lange auf „hohle Gehwege" (hollow sidewalks) hingewiesen. Die handgeschriebenen Schilder sind etwas beunruhigend, als ob die Anrainer mit einer Bedrohung zu kämpfen hätten, die hungrig unter dem Straßenbelag lauert. Es handelt sich lediglich um ein architektonisches Merkmal dieses Stadtteils.

SoHo hatte früher jede Menge vornehme Ziegelbauten. Das Viertel verlor mit zunehmendem Reichtum der Stadt Mitte des 19. Jhdt. an Anziehungskraft. Einzel- und Großhandelsgeschäfte zogen hierher, und das Gebiet südlich der Houston Street mutierte zum Versorgungszentrum: Trockengut, Glaswaren, Pelze, Tabak. Um dieser Entwicklung gerecht zu werden, entstand ein neuer Gebäudetyp: eine Kombination aus Büro-, Produktions- und Verkaufsfläche.

Der neue hippe Werkstoff – Gusseisen – ließ einen Kompromiss zwischen günstig und elegant zu. Ein Geschäftsmann konnte oben in seinem Büro sitzen, während unten die Gastarbeiter herumschwirrten und eine bunte Markise auf der Straße die großen Schaufenster beschattete, die das Unternehmen von seiner besten Seite zeigten. Und hier kommen – unterhalb der Straße – hohle Gehwege ins Spiel.

Wenn Sie nach unten schauen, offenbart sich bald ein charakteristisches Muster: Metallgitter mit sechseckigen Öffnungen, die dort, wo sie nicht mit Teer aufgefüllt oder übermalt wurden, mit satiniertem Glas versetzt sind. Sie werden als „Gewölbelichter" bezeichnet und sind im Grunde ein lichtdurchlässiger Gehweg. Die Mehrzweckgebäude verfügen über unterirdische Lager, die bis unter die Straße reichen. Die Glassteine lassen das Tageslicht durch, einige dieser Gewölbelichter sind auf der Unterseite abgeschrägt, sodass das Licht, wie bei einem Prisma, bis in die dunkeltsen Nischen gelangt.

Das macht die Gehwege aber auch weniger belastbar. Die Hinweisschilder sollen schwere Maschinen fernhalten. Diese Vorsicht kommt nicht von ungefähr: Eingestürzte Gehwege gab es bereits. Ein unschöner Aspekt des Brandes in der Triangle Shirtwaist Factory 1911, der dritttödlichsten Katastrophe in der Geschichte New Yorks, war, dass die Menschen aus dem brennenden Gebäude direkt durch den Gehweg bis in den Keller fielen. Ein weiteres Merkmal: In der Green Street gibt es nichts Grünes. Hohle Gehwege können keine Erde und somit keine Bäume halten.

10.

336 Spring Street
Linien 1, 2, A, C und E/Canal Street

DIE SALZHALLE IN DER SPRING STREET

Das Salz der Erde

Am Pier 34 auf der Westseite, wo der Holland-Tunnel in Manhattan eintaucht, wundern sich Passanten schon lange über die vier identischen Ziegeltürme, die mehrere Stockwerke am Ufer emporragen. Sie sehen wichtig aus, sind aber definitiv keine Wohnbauten: keine Balkone, wenige Fenster, keine Beleuchtung. Die Türme (zwei sieht man auf dem Foto im Hintergrund) sind Lüftungsschächte für den Tunnel, doch kürzlich verloren sie ihren Status als immerwährendes Rätsel. 2015 wurde eben hier ein riesiger, wie ein Kristall geformter Betonklotz errichtet. Das Alte und das Neue zählen zur Grundinfrastruktur – doch was für ein Unterschied. Die Türme sind aus warmem Ziegel mit schlichten Details, die der Eleganz der 1920er-Jahre entsprechen. Das neue Gebäude sieht aus wie etwas, das vom Planeten X gefallen ist. Doch was ist es?
Ein Salzlager. Etwa 5.000 Tonnen bzw. ein kleiner Berg. Wenn Schnee und Eis über Manhattan hereinbrechen, holen die LKWs – die „Salzstreuer" – hier Nachschub. Was Größe und Form betrifft, orientiert sich das Gebäude an der Salzstruktur selbst. Hier wurde das Konzept „Form folgt Funktion" bis ins kleinste Detail umgesetzt. Die Salzhalle ist ein riesiger Kristall. Das Gebäude folgt einer offensichtlichen Logik, doch Komfort oder Emotion scheinen keine Rolle zu spielen. Es ist ein Salzlager. Für Salz gebaut. Es macht, was Salz braucht. Die dem Fluss zugewandte Seite ist höher als die andere und die Mauern fallen schräg ab. So benötigt man weniger Grundfläche und die Fußgänger haben mehr Platz. Die Schräge wurde präzise nach dem Winkel berechnet, mit dem ein Salzberg abfällt, wenn die Kristalle in Ruhe übereinander liegen. Auch hier ist das winzige Korn der bestimmende Faktor.
Die Salzhalle, ein Entwurf von Dattner Architects und WXY Architecture & Urban Planning, verzaubert Architekturfans und hat mehrere Preise gewonnen. Richard Dattner betont die verborgene Kraft der Einfachheit (nächstes Mal, wenn Sie nicht auf der Straße ausrutschen, danken Sie dem Winterdienst) und scheint sich gerade erst an den Gedanken zu gewöhnen, dass sein Gebäude ein Objekt des Staunens ist. „Diese Form ist so abstrakt, dass jeder ihm seine eigene Bedeutung geben kann", meint er. „Ich mag es, wenn verschiedene Interpretationen entstehen."

ZWISCHEN DER HOUSTON UND 14TH

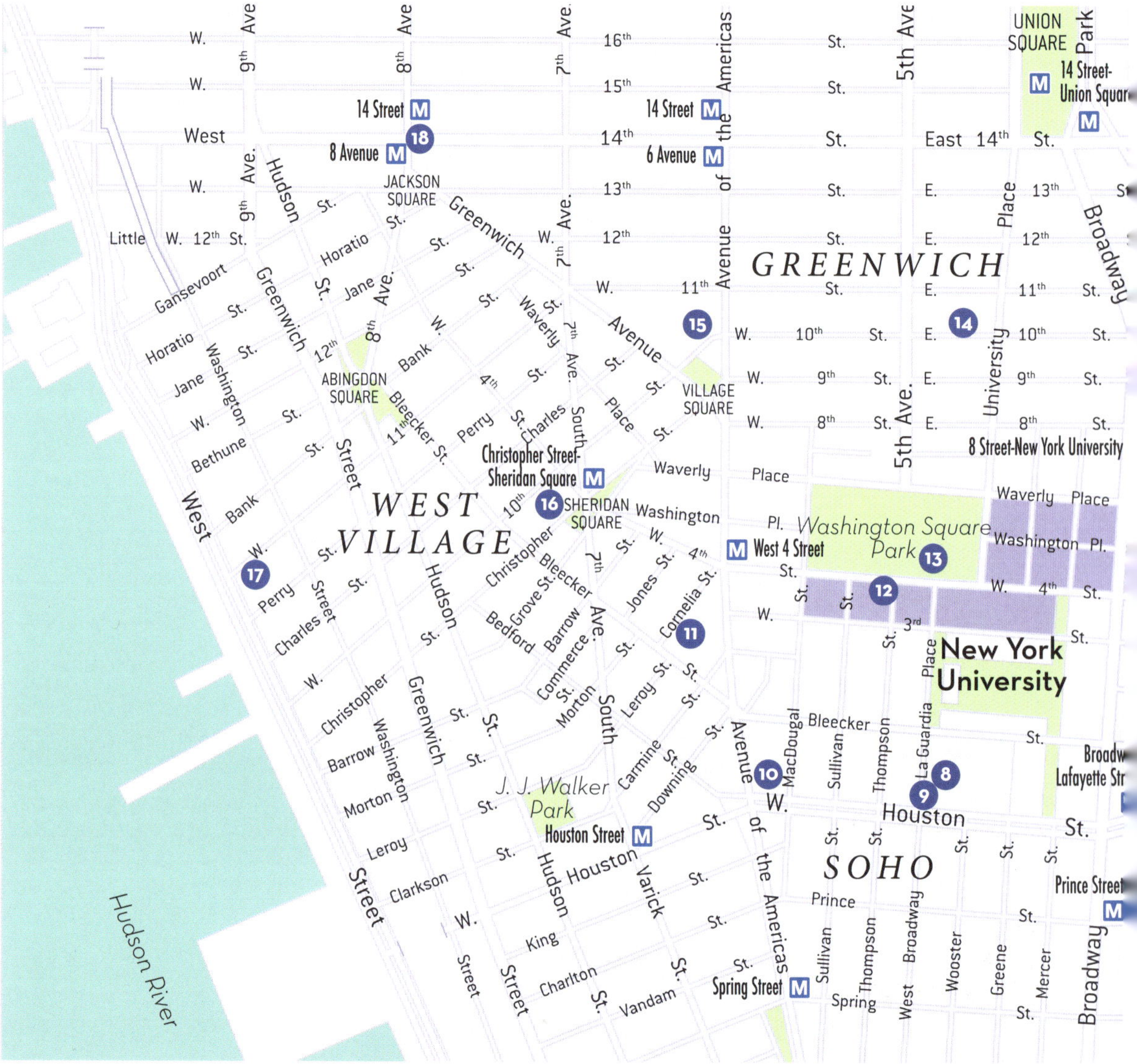

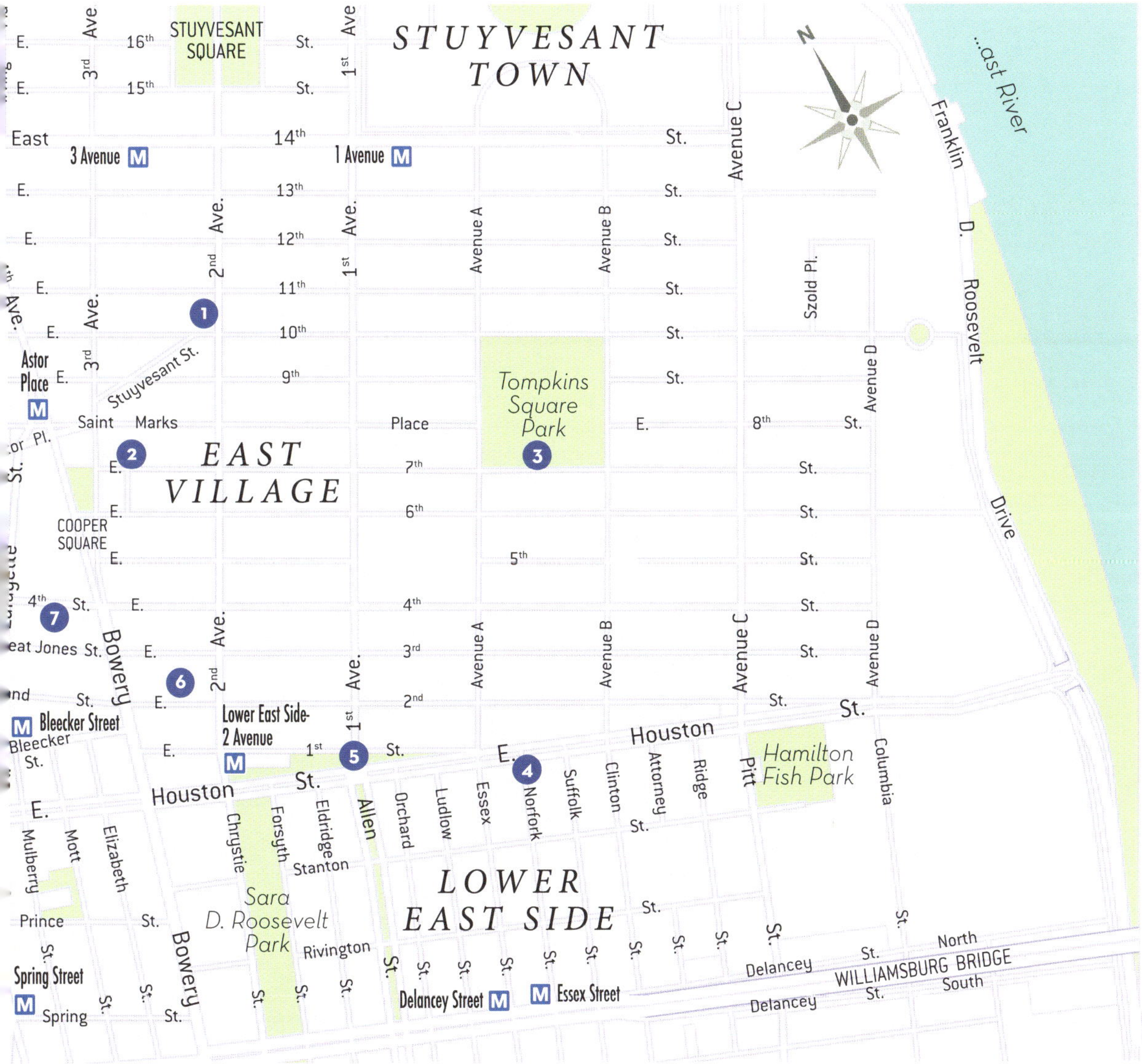
STUYVESANT SQUARE
STUYVESANT TOWN
East River
Franklin D. Roosevelt Drive
E. 16th St.
E. 15th St.
East 14th St.
3 Avenue
1 Avenue
E. 13th St.
E. 12th St.
E. 11th St.
E. 10th St.
E. 9th St.
Saint Marks Place
E. 8th St.
E. 7th St.
E. 6th St.
E. 5th St.
E. 4th St.
E. 3rd St.
E. 2nd St.
E. 1st St.
E. Houston St.
3rd Ave
2nd Ave.
1st Ave.
Avenue A
Avenue B
Avenue C
Avenue D
Szold Pl.
Stuyvesant St.
Astor Place
COOPER SQUARE
EAST VILLAGE
Tompkins Square Park
Great Jones St.
Bowery
Bleecker Street
Bleecker St.
Lower East Side-2 Avenue
Hamilton Fish Park
Columbia
Pitt
Ridge
Attorney
Clinton
Suffolk
Norfolk
Essex
Ludlow
Orchard
Allen
Eldridge
Forsyth
Chrystie
Stanton St.
Rivington St.
Sara D. Roosevelt Park
LOWER EAST SIDE
Mulberry
Mott
Elizabeth
Prince St.
Spring Street
Spring St.
Delancey Street
Essex Street
Delancey St. North
Delancey St. South
WILLIAMSBURG BRIDGE
N

01.

St. Mark's Church-in-the-Bowery
131 East 10th Street
stmarksbowery.org
Linien 4 und 6/Astor Place
Linie L/3rd Avenue

DIE ZERBROCHENE GRABPLATTE VON ALEXANDER T. STEWART

Sein Leichnam wurde gestohlen

Bei der St. Mark's Church-in-the-Bowery sind flache Steine im Boden versenkt: Es sind Grabplatten. Eine von ihnen liegt nahe dem Zentrum der East Side: Doch es gibt keine Inschrift und sie ist zertrümmert. Auf der Karte, die in der Kirche aufliegt, ist diese Stelle mit 9D, Alexander T. Stewart, und folgendem Hinweis markiert: *His body was stolen*.
Alexander T. Stewart, der als „Erfinder des Kaufhauses" gilt, war einer dieser ehrgeizigen New Yorker, die jeden Vorteil, den die Stadt bot, auch nutzte. Der Einwanderer aus Belfast wurde mit Textilien reich. Als er sich dem Luxus-Shopping verschrieb, baute er nahe der City Hall einen Marmorpalast, der so schön war, dass der *Herald* schrieb: „Wir hoffen Mr. Stewart verunstaltet sein herrliches, den Mysterien der Kurzwaren geweihtes Gebäude nicht mit einem Schild." Stewart brauchte kein Schild. Diesem Laden folgte weiter nördlich ein noch grandioseres Kaufhaus aus Eisen und Glas. Und als er 1876 in St. Mark's beerdigt wurde, schätzte man Stewarts Vermögen auf 40 Millionen Dollars – was heute in etwa 800 Millionen wären.
Eines Nachts im November 1878 wurden Stewarts Überreste aus seiner Krypta geholt. Und das war nicht leicht: Die Räuber mussten durch den Stein, eine Zedernholztruhe, eine Bleikiste und einen Kupfersarg, um den verstaubten, alten Millionär in einen Sack stopfen zu können – und das alles, ohne die Nachbarn zu wecken. Es gab keine Verdächtigen.
Die Leichendiebe forderten 250.000 Dollar als Lösegeld. Die nächsten zwei Jahre verbrachte der Nachlassverwalter mit Feilschen, während Stewarts Frau schaurige Albträume hatte. Schließlich traf ein Verwandter der Witwe drei maskierte Männer auf einer einsamen Landstraße in Westchester und tauschte 20.000 Dollar gegen einen Jutesack ein. Darin waren menschliche Knochen und ein Stück Stofffutter aus Stewarts Sarg. Die Knochen, von denen niemand weiß, ob sie wirklich zu Stewart gehören, liegen jetzt auf Long Island.

Stewarts Marmorpalast füllt auf dem Broadway noch immer den gesamten Block zwischen der Reade und der Chamber Street aus. Fünf elegante Stockwerke im italienischen Stil. Es war Amerikas erstes Handelsunternehmen mit einer luxuriösen Fassade. Die bronzene Uhr an der Ecke ist ein Relikt der *Sun*, die den Palast 1917 kaufte.

02.

McSorley's Old Ale House
15 East 7th Street
mcsorleysoldalehouse.nyc
Linie 6/Astor Place
Linien N und R/8th Street – NYU

DAS KOPFGELDPLAKAT FÜR JOHN WILKES BOOTH

100.000 Dollar Belohnung

Der Legende nach wurde im McSorley's Old Ale House seit dem Tod des Gründers John McSorley 1910 nichts von den Wänden entfernt. Das glaubt man gern. Die älteste Bar New Yorks ist mit jeder Menge herrlichem Trödel vollgestopft.

Sogar der Staub darf hier liegen bleiben. „Das Gesundheitsamt erlaubte uns, diese letztes Jahr zu putzen", sagt eine junge Dame hinter der Bar und deutet in Richtung einer alten Gaslaterne, die mit einer Wünschelrute dekoriert ist. Dieselbe, die John Sloans in seinem Gemälde im frühen 20. Jhdt. gemalt hat. Dahinter hängt an der Wand ein vergilbtes Plakat, wie es sie seit 100 Jahren nicht mehr gibt. „100.000 Dollar Belohnung" steht darauf. „DER MÖRDER unseres geliebten Präsidenten Abraham Lincoln LÄUFT NOCH IMMER FREI HERUM." Das Datum am oberen Rand: 20. April 1865, fünf Tage nach der Ermordung des Präsidenten.

Flugblatt und Schenke untermauern eine erstaunliche Verbindung zwischen Lincoln und New York City. Bäuerliche Einfachheit machten den Präsidenten beliebt, doch er ließ sich erst als Kandidat aufstellen, nachdem diese Qualität in der größten und schmutzigsten Stadt Amerikas bestätigt worden war. Ende Februar 1860 stand ein bartloser Lincoln bei der Cooper Union vor einer Menge und schwang eine hochfliegende Rede, die sein Schicksal besiegelte. „Kein Mann hat je zuvor bei seinem ersten Auftritt ein New Yorker Publikum dermaßen beeindruckt", schrieb die *New York Tribune*. Danach begleitete Cooper Union-Gründer Peter Lincoln in die Bar, die es damals noch nicht lange gab. Der Stuhl, auf dem Lincoln saß, ist heute, verkeilt in einem spinnwebenbedeckten Konvolut, ebenfalls Teil der ständigen Einrichtung.

Fünf Jahre nach Lincolns Besuch hier wurde er von John Wilkes Booth erschossen. Kriegsminister Edwin Stanton erstellte Berschreibungen des Mörders und seiner Komplizen und legte die beispiellose Belohnung fest, mit der eine Menschenjagd begann, die zehn Tage dauerte. Ist das Flugblatt im McSorley's echt? Das ist nebensächlich, denn die Bar besitzt Charakter genug. Das Plakat unterscheidet sich leicht von anderen Exemplaren, doch es wurden verschiedene Versionen gedruckt und der Text, inklusive Rechtschreibfehlern, liest sich genau wie das Telegramm des Kriegsministers. Ein Flugblatt in der Ohio Historical Society sieht dem im McSorley's verdächtig ähnlich: Sogar die Falten und Tintenflecke sind gleich. Doch welches der beiden ist eine Kopie? Bei einer Bar, die sich ihre Geschichte derart auf die Fahnen heftet, ist das eine legitime Frage.

War Department Washington, April 20, 1865.
$100,000 REWARD
THE MURDERER
Of our late beloved President, Abraham Lincoln,
IS STILL AT LARGE.
$50,000 REWARD
$25,000 REWARD
$25,000 REWARD
WHAT - ME WORRY ?

03.

Tompkins Square Park
Linie L/1st Avenue

DER HARE-KRISHNA-BAUM

Wo die Sekte ihren Anfang nahm

Die Hare-Krishna-Bewegung basiert auf einer 5.000 Jahre alten Hindu-Schrift, doch ihren Anfang nahm sie im East Village. Der Gründer, Swami Prabhupada (geborener Abhay Charan De in Kalkutta), ein Gelehrter und Übersetzer von Vedanta-Schriften, kam 1965 wie so viele in New York an. Mit wenig Geld und großen Ideen. Er mietete ein Verkaufslokal in der Second Avenue 26 und begann, vor allem auf sein Charisma setzend, für seine spirituelle Revolution Leute um sich zu scharen. Im Sommer 1966 gründete er die Bewegung mit dem Namen *International Society for Krishna Consciousness* und rief so die geheimnisvolle Tradition des „Würden Sie gerne eines unserer Bücher kaufen?" ins Leben. Die amerikanische Ulme im Tompkins Square Park, schon um ihrer selbst willen verehrungswürdig (die Ulmen hier stammen von 1873, dem offiziellen Gründungsjahr des Parks), war die Kulisse für dieses prägende Ereignis. Am 9. Oktober 1966 führte Swami Prabhupada, umringt von seinen Anhängern, den ersten kollektiven Krishna-Mantra-Gesang außerhalb Indiens an. Das sehr alte Mantra lautet: *Hare Krishna*, *Hare Krishna*, *Krishna Krishna*, *Hare Hare*, *Hare Rama*, *Hare Rama*, *Rama Rama*, *Hare Hare*. Prabhupada nannte es „die Klangwerdung des höchsten Gottes". Der Swami starb 1977, doch das Verkaufslokal auf der Second Avenue, jetzt der Hare-Krishna-Tempel, gibt es noch.

ANDERE BEMERKENSWERTE BÄUME IN NEW YORK

New York besitzt einige bemerkenswerte Bäume. Eine englische, 1770 gepflanzte Ulme im Washington Square Park, die aufgrund ihres (falschen) Rufs als Exekutionsort „The Hanging Tree" genannt wird – das älteste Lebewesen Manhattans. 1936, zum 100. Jahrestag der Eröffnung der Madison Avenue, wurde ein Baum aus dem Anwesen des ehemaligen Präsidenten James Madison in Virginia auf der Ostseite des Madison Square Parks gepflanzt, der noch immer dort steht. Seit Jahren hält sich hartnäckig die Legende, dass ein Maulbeerbaum im Shakespeare Garden des Central Park ein Ableger des vom Barden selbst gepflanzten Baumes in Stratford-upon-Avon ist. Der Baum stürzte nicht nur 2006 um, Untersuchungen ergaben, dass die Shakespeare-Geschichte Unsinn ist. Der von Petrus Stuyvesant 1674 aus Holland mitgebrachte Birnbaum stand 200 Jahre an der Ecke 13th Street und Third Avenue, bevor ihn ein Pferdewagen umnietete. Jetzt findet man dort einen Ersatz-Birnbaum und ein Schild.

04.

178 Norfolk Street
Linie F/2nd Avenue

LENIN AUF DER NORFOLK STREET

Kommunismus à la New York

Die bronzene Lenin-Statue, 5,5 Meter hoch, den Arm zum Gruß an die Arbeiter der Welt erhoben, hat lange das Dach eines Luxusappartment-Gebäudes auf der Houston Street dekoriert. Der Vater des Kommunismus schaute nach Süden, und wenn man zu ihm hochblickte, war schwer zu übersehen, dass innerhalb der Reichweite dieses zuversichtlichen Grußes, auf der Wall Street, der Kapitalismus ungebremst seinen Lauf nimmt. Tatsächlich ist eine Leninstatue, die nicht auf dem Kopf steht, nur schwer mit New York zu vereinbaren. Die Statue muss also eine Art Scherz sein.
Nicht ganz. Man brachte Lenin erst später auf dem 1988 erbauten Gebäude an, als die Houston Street die Grenze zwischen dem hippen East Village und der viel ärmeren Lower East Side bildete. Die 1970er-Jahre waren für schwarze und puerto-ricanische Gemeinden schwer hier. Durch den heißen Immobilienmarkt in den 1980er-Jahren war das Geld auf dem Vormarsch und die Straßen wurden Schauplatz von Klassenkämpfen. M&CO, das Design-Büro, das für die „Identität" des Gebäudes zuständig war, wollte einen furchteinflößenden Namen dafür, um diese magischen New Yorker Geschöpfe anzulocken. „Leute mit Geld, die in einer hippen, krassen und sogar gefährlichen Gegend leben wollten." Sie einigten sich auf: Red Square (Roter Platz). Die Lenin-Statue ist also ein cleverer Marketing-Gag.
Auch das stimmt nicht ganz. Der Entwickler des Red Square, Michael Rosen, war früher NYU-Professor für radikale Soziologie mit einer Vorlesung, die sich „Macht und Politik" nannte. Er kannte sich also mit Lenin aus. Auch Rosens Arbeiten nach diesem Projekt – Sozialwohnungen für Arme, Personen mit AIDS und misshandelte Frauen – zeugen nicht von einem Zyniker. Die 5,5 Meter große Statue ist eher die Krönung eines Publicity-Gags für Luxusappartments, von jemandem, der soziale Verantwortung als langfristiges Ziel sieht.
Doch wo kam sie her? 1994 fand ein Kollege von Rosen Lenin im Hinterhof einer Moskauer Datscha. Ursprünglich vom sowjetischen Staat beauftragt, war sie kaum fertiggestellt, als es mit dem Kommunismus bergab ging. Und wenn man schon ein schräges Luxusgebäude in Manhattan hat, das Red Square heißt, sind die Transportkosten nurmehr ein Klacks.

2016 wurde die Statue vom Red Square auf das Dach der 178 Norfolk Street gleich gegenüber verlegt.

05.

Ecke 1st Avenue und East 1st Street
Linie F/2nd Avenue

DACHHÄUSER

Ein luftiges Zuhause

Es gibt privilegierte New Yorker, die beim Penthouse einen Schritt weiter gehen und ein Haus bauen – ein hübsches, kleines Haus, wie man es in einem Vorort erwarten würde –, aber auf dem Dach. Die höchstgelegenen sind von der Straße aus unsichtbar. Doch zwei niedrigere befinden sich nah beieinander im East Village und eines auf einem zehnstöckigen Gebäude auf der Upper West Side.

Das erste, hoch oben an der Ecke East 13th Street und Third Avenue, hat eine berühmte Adresse: den ursprünglichen Standort der Kiehls Apotheke („seit 1851") und des Birnbaums von Petrus Stuyvesant (siehe Seite 76). Das erhöhte Heim mit seinem Schornstein, den Fenstern und den Schindeln an der Seite ist nicht echt: Laut *Time Out* findet man in dem „Haus" keine exzentrische Familie, sondern nur Heizräume und Dachtreppen.

Das zweite (siehe Foto) sieht aus, als hätte es in einem Walfängerdorf oben im Norden ein Tornado erfasst und an die Ecke First Avenue und East 1st Street geweht. Schindelfassade, efeubewachsen, mit angesetztem achteckigen Leuchtturm, den eine Wetterfahne ziert: alles Merkmale für ein bewohntes Haus. Was noch fehlt, ist ein bärtiger Mann im Ölzeug, der beim Elfenbeinschnitzen Späne auf die Taxis unten rieseln lässt. Ob das kleine Haus zur Zeit bewohnt ist, weiß man nicht.

Das dritte Dachhaus befindet sich weiter nördlich, auf dem Gebäude 210 West 78th Street (am besten zu sehen von der Ecke Broadway und 77th). Es wurde zweifellos als Wohnhaus errichtet: 1997 interviewte die *Times* den Bauherrn/Bewohner. Andrew Tesoro verwandelte ein winziges 37m² Penthouse in ein dreistöckiges „Chalet" mit einem 60° geneigten Kupferdach. Von seiner Veranda geht es zehn Stockwerke tief nach unten. „Ich liebe die Aussicht", sagte Tesoro. „Es fühlt sich an, als würdest du über allem schweben, aber gleichzeitig bist du mittendrin."

DACHLEBEN

Das Ansonia Gebäude, 2109 Broadway, hatte auf dem Dach eine Farm mit einem „kleinen Bären", den man für Feste mieten konnte. Die Helikopter-Flüge auf dem Pan-Am-Gebäude (vom Zentrum nach JFK in 7 Minuten) gab es 1977, bis bei einem Unfall fünf Menschen starben. Zugleich beste und schlechteste Dach-Idee: An der Nadel des Empire State Building sollten ursprünglich Luftschiffe andocken. Das wurde nur einmal versucht: Niemand hatte den starken Wind bedacht.

SPEED
LIMIT
30
E 1 ST
ONE WAY
ONE WAY
HOSPITAL
LA LINEA

06.

41 ½ 2nd Avenue
marblecemetery.org
Linien 4 und 6/Bleecker Street
Linien F/2nd Avenue

DER NEW YORKER MARMORFRIEDHOF

Ein Ort zwischen den Welten

Zwei unbekannte Friedhöfe im East Village, nur ein paar Blocks voneinander entfernt. Der eine wird in der Regel übersehen, der andere könnte genauso gut gar nicht existieren. Wenn man nicht daneben wohnt oder regelmäßig den Stadtplan studiert, wird man überrascht sein, dass man durch ein Eisentor in einem Block der Second Avenue über eine enge Passage auf ein 2.000 m² großes, grünes Feld gelangt, das von alten Ziegelmauern umgeben ist. Sogar die Adresse, 411/2, legt nahe, dass es sich hier um einen Ort zwischen den Welten handelt.

Der New York Marble Cemetery, gegründet 1831, ist die älteste konfessionslose Begräbnisstätte in New York. Auf der nahen 2nd Street liegt der ähnlich klingende New York City Marble Cemetery, der etwas später im selben Jahr gegründet wurde. „Es ist verwirrend", gibt Caroline DuBois, Geschäftsführerin des NYMC, zu. Sie zählt die Unterschiede zwischen den beiden Friedhöfen auf. „Hier hat es seit 75 Jahren kein Begräbnis mehr gegeben. Drüben war es eines pro Jahr. Er ist doppelt so groß, es gibt doppelt so viele Gräber und man sieht sie alle. Sie sind nicht in Vergessenheit geraten. Wir sind praktisch verschwunden." Und das nicht nur vom Stadtplan - es gibt hier keinen einzigen Grabstein. Die etwas über 2.000 Leichname liegen in unterirdischen Marmorgräbern. In sechs Gruppen und 26 Reihen, mit Abdeckungen, die nur ein paar Zentimeter unter dem Gras liegen. Der Friedhofsrasen wird nur durch Büsche oder Bäume unterbrochen. Die Namen der Toten stehen auf in die Ziegelmauern eingelassenen Tafeln. Ein ehemaliger Bürgermeister New Yorks, die Gründer der New York University und Namen, die mit der Stadt verbunden sind oder auf dem Stadtplan aufscheinen: Varick, Scribner, Olmsted.

Heute ist der Friedhof nur einmal im Monat geöffnet, in der Regel am vierten Sonntag und nur im Sommer. Es lohnt sich darauf zu warten, um ein paar Minuten auf diesem geheimen Fleckchen umherzuwandern, das nur knapp dem völligen Vergessen entkommen ist. „Sie hätten ihn vor zehn Jahren sehen sollen", sagt DuBois und verdreht die Augen. „Eine Brache voller toter Katzen." Sie dreht sich im Kreis und zeigt auf die benachbarten Gebäude: „Das ist eine Obdachlosenunterkunft. Das ist eine Methadon-Klinik. Das ist ein Hotel. Sie kommen in der Nacht durch ein Loch in unserer Mauer. Früher, wenn ich hier eine Veranstaltung abhalten wollte, musste ich zuerst Injektionsnadeln, Whiskeyflaschen und Unterwäsche einsammeln."

07.

29 East 4th Street
merchantshouse.org
Linien 4 und 6/Bleecker Street oder Astor Place

DAS MERCHANT'S HOUSE UND DER GEIST DER GERTRUDE TREDWELL

Dieser Herd hat sich damals bewegt. Denken Sie, ich mache Scherze?

Im Merchant's House spukt es. Die Damen am Schalter tun so, als wüssten sie von nichts, die Schulkinder, die hier zu Besuch sind, tun so, als würden sie sich fürchten und das Haus selbst scheint Lampenfieber zu haben. In einer am Schalter erhältlichen Broschüre steht, was einen erwartet, wenn man es schafft, den Geist zu verärgern: ein eiskalter Luftzug, geisterhafte Schritte, schepperndes Porzellan. Vielleicht der Duft nach Veilchenparfüm oder getoastetem Brot. Die Anwesenheit des Geistes manifestiert sich in schwingenden Kronleuchtern, schwebenden Lichtkugeln oder (der Jackpot) einer kleinen, alten Frau im geblümten Reifrock mit wildem Blick, die ruft: *Raus hier*.
Die gruselige alte Frau ist Gertrude Tredwell und ihre Verbindung zu diesem Ort ist so persönlich, dass es die Geistergeschichten geben wird, solange das Haus steht. Als jüngstes Kind eines reichen Importeurs wurde Gertrude in einem Himmelbett des vorderen Schlafzimmers im zweiten Stock geboren und verbrachte ihr ganzes Leben in diesem Haus. Als der Rest der Familie starb und die New Yorker Society nach Norden zog, wurde sie immer einsamer. Am Ende öffnete sie nur mehr selten die Tür, stopfte die Fenster gegen die Zugluft mit Zeitungspapier aus und ließ die Möbel langsam verstauben. Knapp 93 Jahre alt, starb sie 1933 – im vorderen Schlafzimmer und im selben Bett, in dem sie geboren wurde.
Das Gebäude stammt aus einer Zeit, als das Waschwasser noch aus einem nahegelegenen Brunnen geschöpft werden musste. Da Gertrude nie anderswo gelebt hatte, ist das Merchant's House heute eine historische Goldgrube. Alles hier – Möbel, Teppiche, Vorhänge, Gläser, Porzellan, Kleider – ist original. Nach dem Tod der alten Frau wurde nichts verändert. Nur Elektroinstallationen und Wasserleitungen wurden verlegt und in der Küche ein gusseiserner Herd installiert.
Dieser neue Herd ist eines der Dinge, die Gertrude ärgern. Clarice, eine Frau aus Jamaika, die zwanzig Jahre lang als Hausmeisterin hier arbeitete, erzählt ihre Geschichte: „Ich war allein in der Küche, als der Herd anfing, sich zu bewegen. Ich hatte Angst, bin nach oben gelaufen und habe draußen 40 Minuten in Morgenmantel und Pantoffeln gewartet. Dieser Herd hat sich damals wirklich bewegt. Denken Sie, ich mache Scherze?"

08.

Silver Towers/University Village
Zwischen Bleecker und West Houston Street beim LaGuardia Place
Linien B, D, F und M/Broadway – Lafayette Street
Linien 4 und 6/Bleecker Street

SYLVETTE

Monumentaler Picasso

Großformatige Picasso-Skulpturen sind selten. In Amerika wurde die erste auf der Daley Plaza in Chicago errichtet: 15 Meter hoch, ist sie schwer zu übersehen. Die zweite wurde nur ein Jahr später 1968 eingeweiht, im Village zwischen drei schmucklosen 30-stöckigen Wohntürmen versteckt.

Eigentlich ist es nur *fast* ein Picasso: Der Meister beaufsichtigte das Projekt, doch Konzept und Ausführung sind das Werk des norwegischen Künstlers Carl Nesjar. „Ich bin wie der Dirigent eines Orchesters", sagte Nesjar. „Der Komponist gibt mir ein Musikstück und dann schaue ich, was ich daraus machen kann." Nesjar hielt Picasso mittels Zeichnungen, Fotos und Betonmustern auf dem Laufenden. Der schwarze norwegische Basalt wurde mit hellem Beton beschichtet und von Nesjar sandgestrahlt, um dunkle Linien zu erzeugen. Die 30 Tonnen schwere Skulptur steht auf einem versteckten Betonsockel („Picasso mag keine Podeste"), damit sie nicht in der darunterliegenden Tiefgarage versinkt.

Man erkennt hier Picassos Markenzeichen: Irritierende Perspektiven. Die Skulptur besteht aus einer zweidimensionalen Ebene, die geknickt eine dritte ergibt, aber am besten von allen vier Seiten betrachtet wird: Das doppelseitige Porträt lädt dazu ein, umrundet zu werden. Durch die wechselnde Perspektive verändern sich die Züge der Frau und ergeben mit jedem Schritt ein neues Porträt. Die hier kopierte Originalskulptur war nur etwa 60 cm groß. Picasso hat sie aus Papier gefaltet und dann eine robustere Version aus Blech ausgeschnitten und bemalt. Sie trägt den Namen *Sylvette*, nach Sylvette David, Picassos Muse im Jahr 1954. David war erst 17, als Picasso sie zum ersten Mal sah. Der verzauberte Künstler überredete sie, ihm Modell zu stehen, indem er ihr ein aus dem Gedächtnis gezeichnetes Porträt schenkte. Später selbst Malerin, soll David mit ihrem Pferdeschwanz, den sie auf den herrlichen Porträts von Picasso trägt, Inspiration für Brigitte Bardot gewesen sein.

Die Gebäude, in denen die Fakultät der NYU sowie Studentenheime untergebracht sind, schließen Nesjars 9 Meter hohe *Sylvette* ringsherum ein und werfen ihren Schatten auf sie. An einem warmen Nachmittag beäugt ein kleiner Junge misstrauisch eine Gruppe lärmender Kinder auf dem Rasen. Als seine Mutter ihn fragt, ob die Kinder „zu groß" seien, um mit ihm zu spielen, schüttelt er den Kopf und verbringt die nächsten 15 Minuten damit, *Sylvettes* riesiges Gesicht mit einem Fußball zu umkreisen.

09.

Ecke West Houston und LaGuardia Place
Linien B, D, F und M/Broadway – Lafayette Street
Linien 4 und 6/Bleecker Street
Linien A, C und E/Spring Street

TIME LANDSCAPE

Eine lebende Nachbildung des alten Manhattan

Es gibt in New York drei Orte, die Besuchern die verschwundenen Landschaften New Yorks vor der Besiedelung durch die Europäer näherbringen möchten. Einer ist wild (Urwald des New York Botanical Garden, Seite 362); einer ist gut erhalten (Inwood Hill Park, Seite 346) und der dritte ist künstlich. Time Landscape am LaGuardia Place ist teils Garten, teils öffentliches Kunstprojekt. Die eingezäunten Bäume erinnern an die kleinen, hübschen Parks, die man im Village findet, doch dieser Ort ist anders: Die Pflanzen hier wurden sorgfältig ausgewählt, um das Manhattan von vor 500 Jahren nachzustellen. Er ist eine Oase der ideellen Vergangenheit. Deshalb müssen Besucher draußen bleiben: Es gibt keine Bänke und keinen Eingang.

Der in der Bronx geborene Künstler und Designer Alan Sonfist konzipierte das Projekt 1965, zu Beginn der Land Art Bewegung der 1960er- und 1970er-Jahre. Um inmitten der vom Menschen am stärksten konstruierten Stadt der Welt ein Stück exakter Ökologie zu schaffen, musste er zuerst die Botanik und Geologie des unberührten Marschlands von Manhattan recherchieren. Ein Greenwich Village mit sandigen Hügeln und Flüssen, so wie die Lenape-Indianer es kannten. Sonfist ließ die Bewohner antreten, um Wildgräser, Büsche, Blumen und Bäume zu pflanzen und, der ursprünglichen Mission folgend, an „die verborgene Geschichte der Erde“ zu erinnern. Man wollte eine lebende Nachbildung der Vergangenheit erschaffen: Die unter anderem 1978 gepflanzten Buchensetzlinge sind heute ausgewachsene Bäume, unter denen noch immer Wildblumen, Astern und Wolfsmilch blühen.

Time Landscape ist zu klein, um sich ein naturbelassenes Manhattan im größeren Stil vorstellen zu können. Es ist ein 24 x 12 Meter großes Rechteck, das für sich bleibt. Bedrängt von Asphalt, Architektur und ständigem Lärm. Es ist wie ein Zoo für Pflanzen: Die Bäume wachsen in ihrem künstlichen Habitat, inmitten einer Umgebung, zu der sie keine organische Beziehung haben. Der Besucher wird die Ironie spüren: Um alles wieder in seinen ursprünglichen Zustand zu bringen, bedurfte es jeder Menge Arbeit. Wenn *Time Landscape* eine Botschaft hat, dann diese. Und die Mühe, die es kostete, sie zu errichten und zu pflegen, unterstreicht, wie endgültig diese unberührte Landschaft zerstört wurde.

Die Lenape-Indianer nannten Greenwich Village Sapokanikan, „Tabakfelder“, entweder weil sie hier Tabak anpflanzten oder den Holländern beim Anpflanzen zusahen.

10.

6th Avenue von der Canal Street bis zum Washington Place
Linien A, C und E/Spring Street

DIE WAPPEN AUF DER AVENUE OF THE AMERICAS

Eine Avenue gegen eine Hemisphäre

Sie kennen das vielleicht: Sie warten darauf, die Sixth Avenue überqueren zu können, schauen nach oben und sehen plötzlich das Wappen von Honduras über Ihrem Kopf hängen. Oder das Wappen Kubas. Oder Venezuelas, oder Grenadas (von dem Sie gar nicht wussten, dass es ein souveräner Staat ist), oder Dominicas (von dem Sie nie gehört haben). Oder sogar von Kanada, was gar nicht hierher passt. Die Schilder an den Straßenlaternen prägen den gesamten unteren Teil der Straße. Wenn Sie sich noch immer wundern, müssen Sie wissen, dass Sie gar nicht auf der Sixth Avenue sind.

Offiziell befinden Sie sich auf der Avenue of the Americas. Nachdem sie 1940 diesen Namen erhalten hatte, schien die „Sixth Avenue" auf den Schildern jahrzehntelang nicht auf, bis das Verkehrsministerium nachgab und beide Versionen zuließ. Die Länderwappen halfen nicht dabei, die Avenue of the Americas in den Köpfen zu verankern. Hier ist die Geschichte:

„Es war schon immer die gute, alte Sixth Avenue, seit die Stadtväter an jenem denkwürdigen Tag 1811 den Namen der West Road änderten." So beginnt ein Artikel in der Times von 1945. Der verbitterte Ton war auf die große Ablehnung gegenüber der Avenue of the Americas zurückzuführen. Der neue Name war verwirrend, schwierig und teuer. So mussten z.B. 1.700 U-Bahn-Waggons anders gekennzeichnet werden. Zudem war es ein Affront für die betreffenden Nationen, da die Gebäude auf der Sixth Avenue großteils „Schandflecke" waren.

Bürgermeister Fiorello La Guardia, der die Namensänderung unterzeichnete, ließ keine Diskussionen zu und bekräftigte, dass „die Idee allgemeine Zustimmung fand … in dieser Stadt, in diesem Land und in der gesamten Hemisphäre." Was bezweckte er damit? Kurz gesagt: Geschäfte. Die USA wollten Waren an Kanada und Lateinamerika verkaufen und mussten im Gegenzug auch als Abnehmer fungieren. Man dachte, mit der Änderung des Namens würden die Geschäfte schon folgen. Zusätzlich zu den Konsulaten entlang der Avenue wollte die Sixth Avenue Association eine Art offenen Markt für die gesamte Hemisphäre schaffen, mit Gebäuden, die „physisch und psychologisch für diesen Zweck konzipiert waren".

Die Schilder wurden in den 1950er-Jahren, im Zuge der Errichung neuer Straßenlaternen aus Aluminium, angebracht. Es gibt nicht mehr viele davon (sorry Argentinien; Barbados hält sich noch). Jene, die überlebt haben, sind rostig und von der Sonne ausgebleicht. Also nicht mehr als nette und rätselhafte Relikte.

JAMAICA
TURKS AND CAICOS
WRONG
WAY
NEW YORK
PUBLIC LIBRARY

11.

323 6th Avenue
Linien A, B, C, D, E und M West 4th Street
Linie 1Christopher Street

DIE GUCKLÖCHER IM IFC-CENTER

Für jedermann sichtbare, aber verborgene Luken, die Sneak Peak neu definieren

An der Ecke West 3rd und 6th Avenue in Greenwich Village können Fußgänger Basketballspiele beobachten, Straßenschlägereien zuschauen und Leute beobachten, die Papaya Dogs essen – aber nur wenige wissen, dass man hier auch kostenlos Filme sehen kann. Obwohl jährlich Millionen von Menschen an diesem Gebäude vorübergehen, sind die Gucklöcher im Arthouse-Kino IFC-Center noch immer ein gut gehütetes Geheimnis, das den meisten verborgen bleibt – obwohl es für jedermann sichtbar ist.

Um die Gucklöcher zu finden, wendet man sich dem Eingang des Kinos zu und geht nach rechts. Im Bereich zwischen den Plakaten muss man nach zwei kleinen Metallkreisen suchen, die sich in einem größeren Metallkreis (ca. 1,5 Meter über dem Boden) befinden. Schiebt man nun die Deckel der kleineren Kreise nach oben, öffnet sich der Blick in Saal Fünf des Kinos und man kann als Zaungast zusehen, was gerade gespielt wird. „Auf diese Besonderheit haben wir nie aufmerksam gemacht", sagt Harris Dew, der derzeitige Geschäftsführer des Kinos. „Das sollen die Leute selbst entdecken oder eben nicht."

Der architektonische Überraschungseffekt ist das Werk des 2011 verstorbenen Kinodesigners Larry Bogdanow, der einen verspielten Sinn für Humor hatte und dachte, es wäre eine lustige Entdeckung, über die Leute gelegentlich staunen. Bogdanow errichtete das Arthouse-Kino im alten Waverly-Theater, einem legendären Lichtspielhaus, das 2001 nach sechs Jahrzehnten geschlossen worden war. Das einst angesehene Kino war in den letzten Jahren seiner Existenz ziemlich heruntergekommen und „ein einziges Chaos", wie Bogdanow in einem Interview 2005 berichtete. Nach der Neueröffnung bot das geschmackvoll gestaltete IFC-Center eine sorgfältig kuratierte Auswahl an Arthouse-Filmen, aus Frankreich importierte Sitzplätze, Gourmet-Popcorn und so liebenswerte Besonderheiten wie die besagten Gucklöcher in den Kinosaal Fünf. Sie entstanden 2009, als das Café im Erdgeschoss in zwei zusätzliche Kinosäle für das IFC-Center umgewandelt wurde.

Das IFC-Center hat sich inzwischen zu einer eigenständigen Institution in New York entwickelt, und die Gucklöcher sind ein beständiges kleines Geheimnis. Alle paar Jahre werden auf Social Media Videos und Bilder von den Gucklöchern gepostet. „Jedes Mal, wenn Leute die Gucklöcher entdecken, denken sie, dass sie die Allerersten sind, die sie bemerkt haben. Wir lassen die Leute in diesem Glauben", erzählt Harris Dew und lacht.

INTER 2024
Club Zero
Femme
The People's Joker
the TASTE

12.

55 Washington Square South
judson.org
Linien A, C, E, B, D, F und M/West 4th Street
Linien N und R/8th Street – NYU

DER *BETENDE ENGEL* IN DER JUDSON MEMORIAL CHURCH

Die Geliebte des Künstlers

In der Judson Memorial Church gibt es einige Buntglasfenster des Malers und Innenarchitekten John La Farge: 4,5 Meter hohe Spitzbogenfenster mit Evangelisten, Heiligen und anderen religiösen Figuren aus „opalisierendem Glas". Ein Seitenfenster, ein einzelnes Rundbild, nur 90 cm im Durchmesser, gewährt einen Einblick in LaFarges Privatleben. Der *Betende Engel*, die schöne Gestalt mit Flügeln, Heiligenschein und über dem Herzen gekreuzten Händen, trägt das Gesicht von Mary Whitney, der Geliebten von LaFarge.

Der Künstler und seine Geliebte: Das war nichts Neues. Sogar innerhalb der Judson Memorial Church stößt man auf das Thema: Augustus Saint-Gaudens, der das Marmorrelief für das Baptisterium zeichnete, ging mit seinen Modellen ins Bett, und Stanford White, einer der Kirchenarchitekten, war schutzlosen jungen Mädchen so zugetan, dass er als eine Art sexbesessener Dämon in die Geschichte einging. Wenn also LaFarge hier hervorsticht, dann nicht wegen einer harmlosen Affäre, sondern weil er sie zu wichtig nahm. Als Whitney 1880 in sein Atelier kam, verlor der Künstler den Kopf. „Er war verrückt nach ihr", sagt Julie Sloan, die in den 1990er-Jahren die Aufsicht über die Restaurierung der Glasfenster in der Kirche hatte. „Er ging nicht zu den Girlie-Parties von Stanford White und hatte nebenher nicht viele Frauen. Seine Beziehung zu Whitney war offenbar einzigartig."

1892 wurden sie ein Liebespaar: LaFarge entfremdete sich immer mehr von seiner Frau, mit der er sieben Kinder hatte. Zur selben Zeit tragen seine Engel Whitneys Gesicht. James Yarnall, führender LaFarge-Experte, hielt es für eine unglaubliche Ironie, Engel nach dem Abbild der Geliebten zu gestalten. In einem Bild verwendete der Künstler Whitneys Gesicht sogar für die Figur der Keuschheit.

LaFarge war angesehener Künstler und Kunsthistoriker, doch sein schlechtes Urteilsvermögen prägte den Großteil seines Lebens. Er zerstörte seine berufliche Beziehung zu Louis Comfort Tiffany, Kollegen brachten ihn wegen schweren Diebstahls vor Gericht, seine eigenen Kinder weigerten sich, mit ihm zu arbeiten, und er starb mit 13 Dollar auf dem Bankkonto. „Ihm fehlte der Geschäftssinn", meinte sein Sohn später.

Die größte Sammlung an von Mary Whitney inspirierten Gesichtern und Figuren finden Sie auf LaFarges Wandbild in der Himmelfahrtskirche auf der 10th Street. „Die meisten der Engel sehen aus wie sie", sagt Julie Sloan.

13.

Rund um den Washington Square Park
Website von Steve Duncan: undercity.org
Linien A, B, C, D, E, F und M/W 4 Street
Linien N und R/8 Street – NYU

AUF DEN SPUREN DES MINETTA BROOK

Ein unterirdischer Bach fließt durch das Village

Einer der eindrucksvollsten, schaurigsten und scheinbar fiktiven Aspekte des Village ist Minetta Brook, ein Bach, der unbemerkt unter der Erde fließt. Es gibt Geschichten von überschwemmten Restaurants, Männern, die mit ihren Angeln rund um Löcher im Kellerboden sitzen, und Brunnen, die im Garten schwarzes Wasser aus den Tiefen holen. Doch den Minetta gibt es wirklich. Der Bach war früher voll mit Forellen. Irgendwann Anfang des 19. Jhdt. wurde eine brummende Metropole darübergebaut. Heute kann man seinem Verlauf von der Fifth Avenue bis hinaus zum Hudson River folgen. Man braucht nur eine Taschenlampe, um ihn zu sehen, und den Tour-Plan von Steve Duncan, Internet-Berühmtheit und Experte für alles Unterirdische. „Die hohen Brücken und tiefen Abwasserkanäle dieser Erkundungstouren im urbanen Umfeld helfen mir, die mehrdimensionalen Zusammenhänge in der Geschichte und Komplexität der großen Metropolen dieser Welt zu verstehen", meint Duncan. Der verborgene Bach ist das Thema seiner Doktorarbeit. Und offensichtlich auch seine Leidenschaft: Wenn er mit zerkratzten Händen gestikulierend und einer selbstgerollten Zigarette im Mundwinkel darüber spricht, erkennt man den Experten. Hier die Highlights seiner aktuellen Tour zum verborgenen Fluss des Village.

– 45 West 12th Street: Dieses Haus ist ein Relikt des alten Bachverlaufs. Es überschneidet sich seltsam mit dem Nachbarhaus und hat einen keilförmigen Grundriss. Der Bach verlief diagonal über das Grundstück und der Bau wurde daran angepasst.

– 60 West 9th Street: Die Adresse ist nicht wichtig: Doch der Kanaldeckel in der Straße davor sehr wohl. Er ist ein DPW(Department of Public Works)- Deckel mit zwei großen Löchern. Durch das eine schaut man durch und durch das andere leuchet man. Das Wasser, das man sieht, ist, laut Duncan, eine Mischung aus „einem natürlichen Wasserfluss und Wasser, das von den Bewohnern hier verbraucht wird". Der Minetta wurde also in die Stadtinfrastruktur eingeleitet.

– Minetta Street: Hier sind wir, wie der Name schon sagt, mitten im Brook-Gebiet. Der Knick in der Straße (einzigartig in Manhattan) folgt angeblich dem Verlauf des alten Gewässers. Durch den Kanaldeckel – ein DPW-„Hexagon"-Modell wie oben – sieht man einen stetigen Wasserfluss. Näher kommt man dem Original-Bach nur mit Brechstange und Gummistiefel.

14.

7 East 10th Street
nycgovparks.org/parks/washingtonsquarepark
Linien L, 4, 5 und 6/Union Square – 14th Street
Linien N und R/8th Street – NYU

DAS DE FOREST HOUSE

Einzigartig in New York

Sogar jene, die das Wort „pittoresk“ nicht mögen, müssen zugeben, dass die 10th Street in Greenwich Village es ist, und das im Übermaß. Und vielfältig ist sie noch dazu. Der *American Institute of Architects Guide to New York (AIA)* ordnet der Straße mehrere Stileinflüsse zu: neoklassisch, italienisch, neugotisch, gotisch-venezianisch, bayrisch, viktorianisch. Doch das ist nur eine Vorübung für das fünfstöckige Haus östlich der Fifth Avenue. „Einzigartig in New York“, steht im AIA, „ist das exotische, unbemalte und kunstvoll geschnitzte Erkerfenster aus Teak-Holz, das die Nr. 7 ziert“.

„Einzigartig“ hört man nicht oft in dieser Stadt. Wenn Sie sich mit ostindischer Architektur auskennen, wissen Sie, was Sie hier betrachten. Wenn nicht, könnte man meinen, das Haus sei von einem anderen Planeten. Der Balkon besteht zur Gänze aus Holz und ist über und über mit filigranen Schnitzereien bedeckt. Das Dekor beginnt bei der Eingangstür, zieht sich über den gesamten Erker und darüber hinaus. Es setzt sich wie von Zauberhand sogar bis zum angrenzenden Gebäude fort: Ranken, Blätter und Schuppen, Monde, Vögel, Elefanten, Blumen.

Lockwood de Forest, der Mann hinter diesem Wunder, war einer der Gründer der bekannten Inneneinrichtungsfirma Associated Artists. Sein Interesse an ostindischen Schnitzereien war sowohl beruflicher als auch persönlicher Natur. Nach einer Hochzeitsreise auf den Subkontinent 1873 war er von diesem Stil so beeindruckt, dass er in Ahmedabad einen Holzverarbeitungsbetrieb gründete, um handgeschnitzte Objekte für den Export zu erzeugen. 1887, nachdem er die Nr. 7 und die Nr. 9 auf der 10th Street gekauft hatte, ließ er ein simples Backsteingebäude errichten, das er mit diesen einzigartigen Verzierungen versah.

Das Gebäude wurde mittlerweile in mehrere Einheiten unterteilt, doch als die de Forests dort lebten, passte das Interieur zur Fassade: Paneele und Paravents aus Holz, exotische Möbel, bunte Wandverzierungen aus Agra-Sandstein und blauen Damaskus-Fliesen. Auf der mit Bronze verkleideten Decke tanzten die Lichtreflexionen.

Eines der beeindruckendsten Merkmale des Balkons hat nichts mit Kunsthandwerk oder dem Orienttrend im späten 19. Jhdt. zu tun. Es ist etwas, das die Natur erfunden hat. Obwohl der Balkon vor mehr als hundert Jahren geschnitzt wurde, sind die Details gestochen scharf. Teak-Holz, das sehr hart ist, enthält Öle, die es vor Schädlingen und den Elementen schützt.

15.

Patchin Place
Zweigt von der 10th Street zwischen der 3rd und 6th Avenue ab
Linien A, C, E, B, D, F und M/West 4th Street
Linien 1, 2 und 3/14th Street
Linie L/6th Avenue

DIE LETZTE GASLATERNE

Ein Relikt aus dem Zeitalter des Feuers

Der Patchin Place, eine Sackgasse mit winzigem Eingangstor, die von der West 10th Street abzweigt, ist von der Stadtentwicklung vergessen worden. Hier sieht es mehr oder weniger wie vor 150 Jahren aus. Am Ende der Straße, vor einer bemalten Ziegelwand, steht ein lebendes Fossil: eine schwarze, schmiedeeiserne Laterne mit Querstrebe (zum Anlehnen einer Leiter) und Kandelaber, den ein Adler ziert. Es ist eine alte Gaslaterne. Früher war New York voll davon. Jetzt gibt es nur mehr eine.

Die Entwicklung der New Yorker Straßenbeleuchtung spiegelt die Entwicklung der Lichttechnologie gut wider. Am Anfang flackerten die Straßen im Schein von Fackeln. 1697 befahl der Stadtrat, der „genug von den Unannehmlichkeiten in mondlosen Nächten" hatte, den Bewohnern belebter Straßen, Lampen in die Fenster zu stellen. Kurz vor dem amerikanischen Unabhängigkeitskrieg kamen Öllampen auf Holzmasten auf, und Gaslaternen folgten ein halbes Jahrhundert später. Der schmiedeeiserne Laternenmast am Patchin Place – flötenförmig, 2,5 m hoher Mast mit achteckigem Kandelaber – wurde 1860 eingeführt und fand schnell Verbreitung.

Die Herrschaft des Feuers endete 1880, als die Elektrizität die Nacht zu prägen begann: in Form von schwach orangen Natriumdampf-Hochdrucklampen. Zeitgenössische Berichte schildern eindrücklich, welchen Effekt die Elektrizität auf die an Feuer gewöhnte Bevölkerung hatte. 1883 verglich der britische Journalist W.E. Adams das elektrische Licht auf dem Broadway mit dem Mond, Feenlicht und Rauhreif. Er beschrieb die akkuraten Schatten der Äste auf den Gehsteigen. „Das Licht in dieser Weltstadt ist unbeschreiblich", schrieb er, „so sonderbar und doch so schön."

Heute ist die einsame Gaslaterne am Patchin Place mit einer Leuchtstofflampe versehen: eine Mischung aus alt und neu. Moderne Nachbildungen dieser Laternen, die Glühbirnen nutzen, wurden während der letzten Sanierung in der Nähe des Washington Square aufgestellt. „Einfach bezaubernd", meint ein Kritiker, der auf der Lehne einer Bank sitzt und kurz beim Rollen seiner Zigarette innehält, um diesen spöttischen Kommentar loszuwerden. „Ich wohne hier seit meiner Geburt. Dieser Platz hatte Charakter. Aber schauen Sie ihn sich jetzt an."

16.

110 7th Avenue
Linien 1 und 2 Christopher Street

EIN MOSAIK-DREIECK ALS ZEICHEN DER RACHE

Das kleinste Privatgrundstück New Yorks

Auf dem Bürgersteig an der Ecke Seventh Avenue und Christopher Street befindet sich eine 0,19 m² große Mosaikfläche, die weithin als das kleinste Privatgrundstück New Yorks gilt – und wohl auch als das skurrilste. Das sogenannte Hess-Dreieck erhebt die Boshaftigkeit zur Kunstform, denn dieser winzige, dreieckige Bordsteinstreifen entstand einzig und allein aus Rache.

Die Existenz dieser bemerkenswerten Gehwegplatte geht auf das frühe 20. Jhdt. zurück, als die Stadt New York das Enteignungsrecht nutzte, um Dutzende von Gebäuden des Stadtviertels zu beschlagnahmen, abzureißen und damit Platz für eine Erweiterung der Seventh Avenue und der darunter verlaufenden U-Bahn zu schaffen. Die Fahrt von Lower Manhattan nach Midtown wurde dadurch wesentlich einfacher. Die damaligen Gebäudeinhaber jedoch waren empört darüber, dass ihr Privateigentum für eine private IRT-Linie enteignet wurde.

Niemand aber war so wütend darüber wie die Erben von David Hess, denen ein fünfstöckiges Wohnhaus namens The Voorhis gehörte, das sich exakt in der Mitte des für den Abriss geplanten Landstücks befand. Die Erben kämpften mit allen Mitteln gegen die Stadtverwaltung, um ihr Haus vor dem Abriss zu bewahren. Doch die Stadt setzte sich schließlich durch und 1914 wurde das Haus abgerissen. Lediglich der östlichste Grundstücksbereich verblieb aufgrund eines Vermessungsfehlers weiterhin im Eigentum der Familie Hess. Die Stadt bat die erzürnten Erben, die nutzlose kleine Fläche zu spenden, um sie als öffentlichen Gehweg nutzen zu können. Aber die Erben weigerten sich standhaft. Stattdessen machten sie die Ecke im Juli 1922 zu einer lokalen Legende, indem sie auf dem Gehweg ein Mosaik anlegten mit der Aufschrift „Eigentum des Anwesens der Familie Hess, das nie für öffentliche Zwecke bestimmt war“.

Über zehn Jahre später, im Jahr 1938, verkaufte die Familie Hess ihr Dreieck für 100 Dollar an den benachbarten Zigarrenladen, der später (zusammen mit dem Hess-Dreieck) zuerst in Besitz der Yeshiva University und dann der 70 Christopher Realty Corporation kam. Das Dreieck befindet sich heute noch immer im Straßenasphalt: Das Mosaik hat zwar einige Risse bekommen, aber seine Botschaft ist nach wie vor deutlich: Es ist ein Symbol der anhaltenden Weigerung der Bewohner Downtowns, sich gesellschaftlichen Normen anzupassen.

Der leitende Direktor der Organisation *Village Preservation* bezeichnet das Hess-Dreieck als eine fast hundert Jahre alte Hommage an das Stadtviertel, an seinen Widerspruchsgeist und an den vergeblichen Versuch, dem Lauf der Zeit zu trotzen.

PROPERTY OF THE
HESS ESTATE
WHICH HAS NEVER
BEEN DEDICATED
FOR PUBLIC
PURPOSES

17.

360 West 11th Street
palazzochupi.com
Linien 1 und 2/Christopher Street

DER PALAZZO CHUPI

Ein Palazzo auf einem ehemaligen Pferdestall

Würde man den Durchschnitts-New Yorker bitten, seine eigene Wohnung ohne Budgetvorgaben zu entwerfen, würde wahrscheinlich etwas nicht annähernd so Fantastisches wie Julian Schnabels Schuppen im West Village herauskommen. Man liebt oder man hasst ihn, doch der Palazzo Chupi strahlt aus, was man in der Stadt kaum findet: übertriebene Extravaganz.

Man kann Schnabel, der eine Oscar-Nominierung für die Regie von „Schmetterling und Taucherglocke" erhielt und schon davor für seine Gemälde und Skulpturen berühmt war, nicht zum Vorwurf machen, dass er weiß, was er will. Mit dem Palazzo Chupi setzte er im West Village einen riesigen venezianischen Palazzo auf einen ehemaligen Pferdestall und bemalte ihn leuchtend rosa. Dann füllte er das Gebäude mit schönen Dingen: gemeißelte Kamine, marokkanische Fliesen, Holzdecken, unzählige Kunstwerke und einen 12 Meter langen Pool im Keller. Die ausschließliche ästhetische Funktion wurde zum Verkaufsargument. „Jedes Element und Detail in diesem außergewöhnlichen, neuen Gebäude wurde von Mr. Schnabel gestaltet und entworfen", heißt es im Werbevideo des Maklers. Es ist nicht nur eine Wohnung. Es ist ein „Wohnungs-Kunstwerk". Für viele Nachbarn ist es eher ein optischer Albtraum. Sie hassen die Farbe, sie hassen den Stilbruch und den Namen. „Ich weiß nicht was ‚Chupi' heißt", gesteht Andrew Berman dem *Villager*, „es sei denn, es bedeutet ‚großes, hässliches Gebäude, das nie gebaut werden hätte sollen'". Berman ist der Direktor der Gesellschaft für Denkmalpflege in Greenwich Village, und sein Streit mit Schnabel geht über Persönliches hinaus: Es ist eine Frage des Geschmacks. „Er glaubt, das wäre irgendwie florentinisch oder venezianisch, aber in Wirklichkeit sieht es aus wie ein Malibu-Barbie-Haus, das explodiert ist." Auch wenn Berman nicht gewohnt zu sein scheint, vom Leben das zu bekommen, was er gerne hätte, ist er nur einer von vielen: Nach Baubeginn 2005 versammelten sich Demonstranten vor dem Gebäude, um zu protestieren. Schnabel, der den Palazzo zurzeit bewohnt, begegnet der Aufregung mit Selbstbewusstsein. „Grundsätzlich haben die Demonstranten recht", wird er in der *Vanity Fair* zitiert, „aber sie haben nicht recht, was mich und dieses Gebäude angeht."

18.

U-Bahn-Station 14th Street/8th Avenue
die Treppe, die zum Bahnsteig der Linie L führt

„MONEYBAGS"

Der Boss unter der Erde

Die „Moneybags"-Figur in der U-Bahnstation 14th Street-Eighth Avenue ist Teil des großen öffentlichen Kunstprojekts *Life Underground* und wird seit 2001 hier ausgestellt. „Moneybags" ziert das Geländer eines Treppenabsatzes zwischen den Linien A-C-E und L, und wenn die Legende stimmt, macht es Sie reich, wenn Sie beim Vorbeigehen an der Figur reiben. Oder Sie treffen zumindest in Zukunft weise Entscheidungen im Hinblick auf Geld. Oder er würzt Ihre Armut mit paradoxer Wunscherfüllung. Oder blamiert Sie nur vor Ihrer Verabredung. Welchen Grund die Leute auch immer haben: „Moneybags" ist immer auf Hochglanz poliert.

Trifft man zum ersten Mal auf *Life Underground*, kann das etwas irritierend sein. Gerade hastet man noch den Bahnsteig entlang, nur ein weiterer U-Bahnfahrer, der lieber anderswo wäre, und plötzlich ist man von surrealen, untersetzten Bronzefiguren umgeben, die zielstrebig ihren Geschäften nachgehen. Tom Otterness, der Schöpfer der Kunstwerke, wollte damit „das Unmögliche am Leben in New York" zeigen. Unmöglich, aber immer am Laufen. Es gibt unzählige Charaktere: Polizisten, Putzfrauen, Familien, Geschäftsmänner, Gentlemen, Gauner sowie rätselhafte Tiere und geheimnisvolle Objekte (Platz eins: Eine enorme Glocke mit einer Zunge anstelle eines Klöppels). Das Faszinierende an den Werken ist, wie unerwünscht die Aufmerksamkeit menschlicher Betrachter zu sein scheint. Die Bronzefiguren wollen uns nichts lehren: Sie sind viel zu sehr in ihre eigenen Macht-, Autoritäts- und Arbeitsdramen vertieft, um uns überhaupt zu bemerken. Mit Ausnahme von „Moneybags". Er hat die Hände hinter dem Rücken verschränkt und scheint das hektische Treiben versonnen zu beobachten. Er wirkt zugleich arrogant, bedrohlich, verletzlich, stolz und seltsam liebenswert. Er hat auch ein Vorbild: Seine Figur basiert auf den Zeichnungen des genialen Karikaturisten Thomas Nast vom korrupten Tammany-Anführer William „Boss" Tweed. Tweed veruntreute zig Millionen Dollar an Steuergeld, und sein öffentlicher Zwist mit Nast, der die politische Karikatur in Amerika praktisch erfand, sorgte in den 1870er-Jahren für hohe Auflagezahlen.

THE "BRAINS"

That achieved the Tammany Victory at the Rochester Democratic Convention.

ZWISCHEN DER 14TH UND 42ND STREET

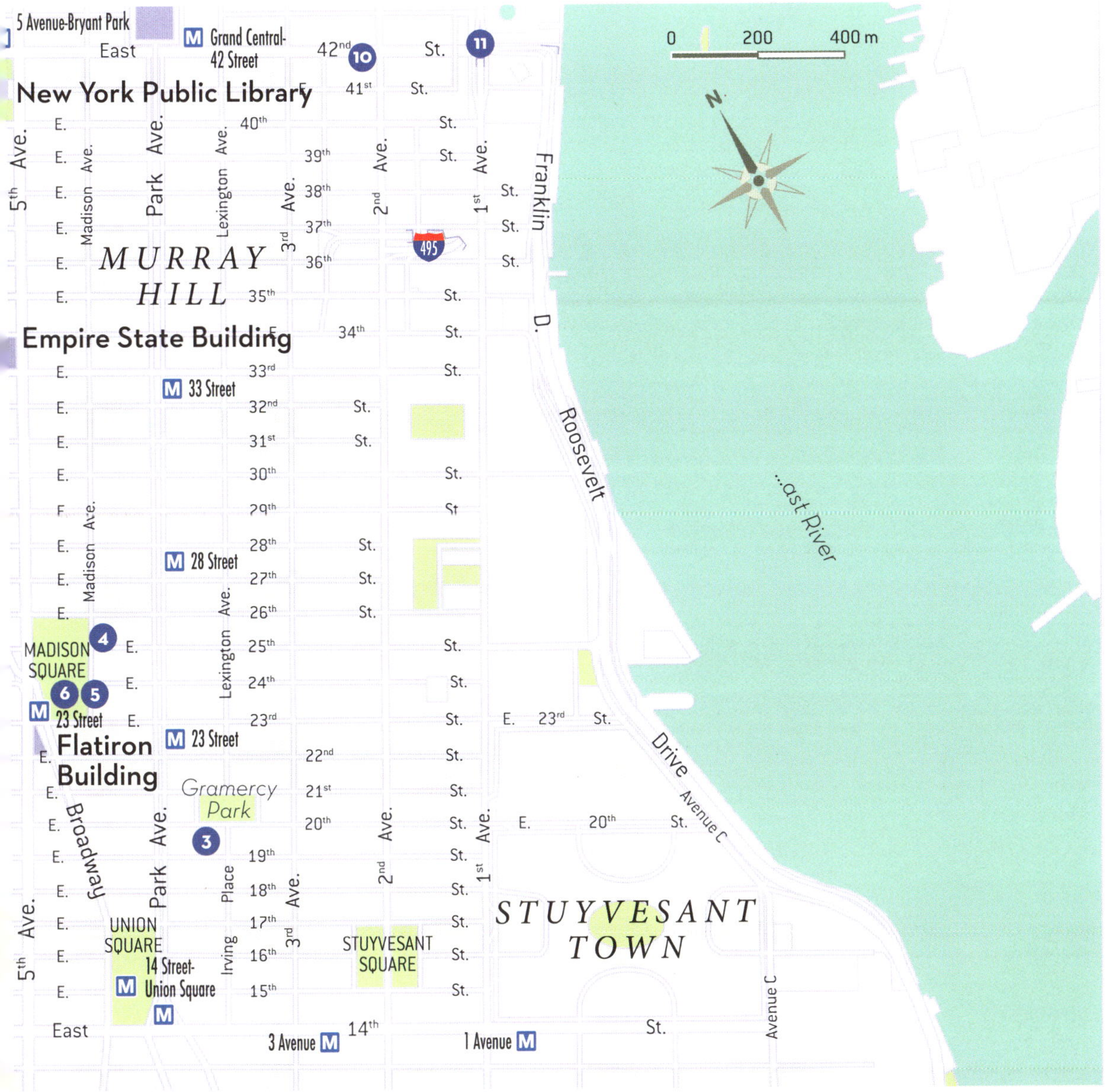
5 Avenue-Bryant Park
Grand Central-
42 Street
New York Public Library
Empire State Building
MURRAY
HILL
33 Street
28 Street
23 Street
MADISON
SQUARE
Flatiron
Building
Gramercy
Park
UNION
SQUARE
14 Street-
Union Square
STUYVESANT
SQUARE
STUYVESANT
TOWN
3 Avenue
1 Avenue
Broadway
5th Ave.
Madison Ave.
Park Ave.
Lexington Ave.
Irving Place
3rd Ave.
2nd Ave.
1st Ave.
Franklin D. Roosevelt Drive
Avenue C
East River
495
0
200
400 m
N
1
2
3
4
5
6
10
11

01.

22nd Street zwischen der 10th und 11th Avenue
Linien A, C und E/23rd Steet

7000 OAKS

Der Wandel allen Lebens auf der 22nd Street

Das Kunstwerk *7000 Oaks* („7000 Eichen“) von Joseph Beuys besteht aus Basaltsteinen, die jeweils neben einem neu eingepflanzten Baum aufgestellt wurden und einen ganzen Block in der 22th Street säumen. Das Werk ist mit Absicht dezent, fast geheimnisvoll. Es war Beuys' künstlerisches Ziel, eine geistige Resonanz in den Menschen zu erzeugen, die Welt als großen Wald neu zu gestalten. Sein Denken war langfristig: es wurden Setzlinge gepflanzt, doch der Künstler meinte, sie würden „in 300 Jahren ein starkes sichtbares Ergebnis“ liefern.

Die Bäume und Steine säumen beide Straßenseiten. Sie wurden nicht von Beuys selbst dort platziert: *7000 Oaks*, das erst nach seinem Tod installiert wurde, ist eine Fortsetzung eines ambitionierteren Projekts mit demselben Namen in Kassel. Den ersten Baum pflanzte der Künstler dort 1982, den 7000. pflanzte sein Sohn Wenzel fünf Jahre später. Die meisten der Bäume sind Eichen, die Beuys besonders mochte („sie haben etwas von einer Skulptur, sind quasi ein Symbol für diesen Planeten“), doch es gibt auch Kastanien, Ginkgos, Eschen, Ahorn- und Walnussbäume. Jeder Baum erhielt eine rätselhafte Kennzeichnung: einen etwa ein Meter hohen Basaltstein. Basalt entsteht in Vulkanen und kann spontan eine Säulenform annehmen, die manchmal verblüffend regelmäßig ist, wie „perfekte, wunderschöne Orgelpfeifen“, meinte Beuys. Jede Pflanzung ist ein Ereignis, das für die sich wandelnde Beziehung zwischen Ökologie, Gesellschaft und dem Leben im Allgemeinen steht. Der Baum wächst. Der Stein kann, wenn überhaupt, aufgrund der Witterung nur kleiner werden. Die Beziehung zwischen Baum und Stein entwickelt sich also ständig weiter, und der Wandel ist das eigentliche Thema des Werks.

Diese Interpretation ist für die Bewohner Chelseas vielleicht nicht ganz offensichtlich.

Ein einprägsamer Aspekt von *7000 Oaks* ist, dass man es nicht in einen Rahmen stecken, sammeln oder verkaufen kann. Die Dia Art Foundation, die das Projekt in Kassel finanzierte, begann 1988 mit dieser Erweiterung auf der 22nd Street, wo sie ihren Hauptsitz hat. Heute ist das Werk ein prägender Bestandteil des Viertels.

02.

Unterhalb von Little Island bei Pier 55
zwischen 13th Street und 14th Street im Hudson River Park

DIE ÜBERRESTE VON PIER 54

Das eigentliche Ziel der *Titanic*

Heute, über 112 Jahre nach dem berühmtesten Schiffbruch der Geschichte, sind vom Zielhafen der *Titanic* im Stadtbezirk Meatpacking District nur verrottete Holzpfähle übrig.

Am 10. April 1912 stach die *RMS Titanic* vom englischen Hafen Southampton zu ihrer Jungfernfahrt in Richtung des Pier 59 in New York City in See. Das angeblich unsinkbare Schiff kam bekannterweise niemals dort an – allein die Rettungsboote der *Titanic* schafften es bis Pier 59. Sie wurden mehrere Tage nach dem Untergang des großen Passagierdampfers von dem Rettungsschiff *RMS Carpathia* dort abgesetzt. Anschließend fuhr die *Carpathia* weiter nach Süden, um Überlebende aus den eisigen Gewässern des Atlantiks zu Pier 54 zu bringen, wo Tausende Menschen in großer Sorge und in Hoffnung warteten, ihre Liebsten wieder in die Arme schließen zu können.

Pier 54 zählte einst zu den zahlreichen Chelsea-Piers, die die Westseite Manhattans säumten, und erlebte mehr als nur einen berühmten Schiffbruch: Drei Jahre nach der traurigen Heimkehr der Überlebenden der *Titanic* legte das Passagierschiff *RMS Lusitania* – das damals größte Passagierschiff der Welt – von Pier 54 zu einer Atlantiküberquerung ab. Es sollte ihre letzte sein. Vom Pier aus segelte die Lusitania mit fast 2000 Passagieren an Bord nach Norden in Richtung Liverpool, kam jedoch nicht weiter als bis nach Irland: Am 7. Mai 1915 torpedierte ein deutsches U-Boot das Schiff und versenkte es. Dabei kamen 1195 Passagiere ums Leben. Dieser Vorfall gilt als ein wesentlicher Grund dafür, dass die USA zwei Jahre danach dem Ersten Weltkrieg beitraten.

Schließlich kam es in den frühen Morgenstunden des 6. Mai 1932 am Pier selbst zu einer Katastrophe, als ein Müllbrand unter dem Dock zum lodernden Inferno wurde. Rund 800 Feuerwehrleute waren im Einsatz, um das Feuer unter Kontrolle zu bringen, und als es gelöscht war, existierte Pier 54 nicht mehr. Im Laufe der Zeit wurde das Pier erneut aufgebaut. Doch als die Jahrzehnte vergingen, setzte der Verfall ein. Im Jahr 1991 wurde der bröckelnde Oberbau des Piers abgerissen, und um Platz für den geplanten öffentlichen Park Little Island zu schaffen, entfernte man 2015 auch die Betonplatte des Piers 54.

Heute ist von der ehemals prachtvollen Anlegestelle lediglich der stählerne Torbogen übrig, auf dem noch immer die verblassten Worte „Cunard White Star" prangen. Auf der Südseite des Parks reihen sich größtenteils unter Wasser stehende Holzpfähle aneinander, die man bewusst erhalten hat, um Lebensraum für die Meeresfauna zu schaffen.

Wer nahe am Torbogen steht und nach unten blickt, entdeckt eine kleine runde Gedenktafel, die Einblick in die Geschichte des Piers gibt: Unter dem Schriftzug „Das unsinkbare Schiff" wird hier die Geschichte der *Titanic* in Kurzform erzählt.

THE
UNSINKABLE SHIP
The first years of the 20th
century marked the heyday of luxury
transatlantic ocean liners, but also
witnessed their most infamous disasters.
In 1912, these piers were the intended
destination for the maiden voyage of the
Titanic. After hitting an iceberg in the
North Atlantic, the ship quickly sank and
the lives of most passengers and crew
were lost. The 710 survivors, rescued
by the passenger ship Carpathia,
were brought to Pier 54 where
these piles stand today.

03.

16 Gramercy Park South
theplayersnyc.org
Linien 4, 6, N und R/23rd Street
Linien 4, 5, 6, N, Q, R und L/Union Square

DAS PLAYERS

Wo Hamlet lebte und starb

Im Gramercy Park steht eine Bronzestatue von Edwin Booth, dem berühmtesten Shakespeare-Darsteller New Yorks.
Um sie zu sehen, muss man jemanden mit einem Schlüssel kennen, durch den Eisenzaun spähen oder darüberklettern. Der Gramercy ist Manhattans einziger Privatpark. Doch es gibt einen besseren Weg, mehr über den Schauspieler zu erfahren: eine Führung im The Players, dem nahegelegenen und von Booth gegründeten Herrenclub.
„Im 19. Jhdt. dachte man bei Hamlet sofort an Edwin Booth", sagt der Bibliothekar des Players, Ray Wemmlinger. „Und bei Edwin Booth dachte man sofort an Hamlet." Heute denkt man bei Edwin Booth an den Bruder von John Wilkes Booth, den Mörder Abraham Lincolns (siehe Seite 114). Diese dramatische Verbindung ist einer der seltsamsten Aspekte der Tragödie. John Wilkes war Schauspieler, so wie seine Brüder Junius und Edwin. John Wilkes erschoss den Präsident in einem Theater, und nach dem Mord sprang er auf die Bühne und rief die Worte: „Sic semper tyrannis!" („So immer den Tyrannen.")
Doch Edwin war so hoch angesehen, dass seine Karriere das Verbrechen seines verrückten Bruders überlebte. Der Respekt vor Edwin war so groß, dass er zu einer besseren Stellung der Schauspieler im Allgemeinen beitrug. „1888 versammelte Booth eine Gruppe von Herren, die sich nicht nur im Theater, sondern auch in anderen Berufen einen Namen gemacht hatten", sagt Wemmlinger. „Diese Männer waren die Gründer des Players."
So half Booth dabei, die Schauspieler vom Ruf der „Gauner und Vagabunden" zu befreien und schuf gleichzeitig so etwas wie Amerikas einziges Theatermuseum. Im Untergeschoss des The Players gibt es elegante Salons, und oben findet man die landesweit beste Sammlung an Dramen, Tagebüchern, Briefen, Regieanweisungen und Kabinettfotos. Hier befindet sich auch das praktisch originale Schlafzimmer, in dem Edwin Booth lebte (und starb).
Eine Fundgrube an Erinnerungsstücken: ein Schwert aus Macbeth, ein Lederbeutel aus dem Kaufmann von Venedig, sogar der echte, menschliche Schädel, den der Schauspieler als Hamlet benutzte. „Jeder, der eine enge Beziehung zum Theater hat, ist von diesem Zimmer unglaublich beeindruckt", meint Wemminger und untertreibt dabei.

Booth hatte drei Hamlet-Schädel - alle echt. Jener im Players gehörte einst, im engsten Sinne, einem verurteilten Pferdedieb.

Die Booth-Brüder traten nur einmal gemeinsam auf, in *Julius Caesar*. Die Vorstellung war eine Spendenaktion für die Shakespeare-Statue im Central Park (siehe Seite 174).

04.

New Yorker Berufungsgericht
27 Madison Avenue
Linien N und R/23rd Street

DAS HOLOCAUST-MAHNMAL AM BERUFUNGSGERICHT

Das Tor zur Hölle am Madison Square

Obwohl 11 Meter hoch und mit eingravierten Flammen bedeckt, bleibt dieses Holocaust-Mahnmal an der Westseite des Berufungsgerichts meist unbemerkt. Die Tarnung ist in vielerlei Hinsicht beabsichtigt. Der von Harriet Feigenbaum, der Urheberin des Denkmals, ausgewählte Marmor sollte sich in die Architektur einfügen. Sie meinte auch, dass das starke Thema keine Symbolik brauchte, sondern harte, einfache Fakten. Diesem Denkmal muss man sich nähern und es lesen, um es zu verstehen.

Der Fokus des Werks liegt auf einem laut Feigenbaum „in Stein gemeißelten Foto". Während sie die Fotosammlung der Zentrale der New York Public Library durchging, stieß sie auf eine Luftaufnahme von Auschwitz, die während eines Bombenangriffs der Alliierten am 25. August 1944 aufgenommen worden war – fünf ganze Monate, bevor Auschwitz schließlich befreit wurde. „Ich sah das Bild und wusste sofort – das ist es", erzählt sie.

Sie war verblüfft von der kalten Präzision, der distanzierten Vogelperspektive gegenüber der Grausamkeit. Die Inschrift für die Skulptur war schon vom Denkmalausschuss festgelegt worden: Gleichgültigkeit gegenüber Unrecht ist das Tor zur Hölle. Das Foto unterstreicht nicht so sehr das Unrecht gegenüber den in Nazi-Konzentrationslagern getöteten 11 Millionen Menschen, als die Folgen des Nicht-Einhalt-Gebietens. Feigenbaum verbrachte sechs Monate in Italien, verfeinerte ihre Schnitztechnik und wählte den Marmor für das Steinfoto und die darüberliegende hohe Säule aus. Verstärkt wird das Thema durch die Flammen auf der Säule, die Richtung Gerichtsgebäude – den Sitz der Gerechtigkeit – züngeln und drohen, es zu verschlingen.

Das Mahnmal wurde im Mai 1990 enthüllt. Interessant ist, dass der ehemalige Senator und Präsidentschaftskandidat von 1972 George McGovern zwölf Jahre später öffentlich zum Versäumnis der Amerikaner, die Bahngleise und Gaskammern von Auschwitz zu bombardieren, Stellung nahm. Über deren Schrecken wussten die Alliierten von Geflüchteten. Dieses Versäumnis betraf McGovern direkt: Er war im Krieg Pilot der Air Force und bombardierte Ziele, die nur 8 km vom Lager entfernt waren. „Gott möge uns diese tragische Fehlkalkulation vergeben", sagte er.

INDIFFERENCE TO INJUSTICE
IS THE GATE TO HELL

05.

1 Madison Avenue
Linien N und R/23rd Street

DER METROPOLITAN LIFE TOWER

Die Venedig-Connection

Es gibt eine nachhaltige, doch kaum bekannte Verbindung zwischen Manhattan und Venedig. Beides sind Inselstädte, mit Korridoren als Straßen und dicht gedrängten Gebäuden, die sich eher nach oben als nach außen ausdehnen. Sowohl in Venedig als auch in Manhattan gibt es ein Guggenheim Museum und eine Harry's Bar (hier heißt sie Harry Cipriani und ist, wie der Besitzer beider Lokale versichert, „eine beinahe exakte Kopie des Originals"). Gondeln, mit Gondolieres in Strohhüten und Streifen, gleiten schon immer zwischen den Ruderbooten auf dem See im Central Park dahin. Vor kurzem hat Künstler Julian Schnabel mit dem Bau seines grell rosafarbenen Palazzos mitten in Greenwich Village diese Verbindung noch vertieft (siehe Seite 104).

Der sichtbarste Hinweis auf Venedig in New York ist der elegante Metropolitan Life Tower. Mit seinen 50 Stockwerken auf dem Madison Square war das Gebäude bei seiner Fertigstellung 1909 das höchste der Welt. Hochhäuser steckten noch in den Kinderschuhen. Das zeigt die schwammige Sprache in einem Artikel der Times, der den Bau des Turms ankündigte. „Es wird sich über 150 Meter in die Lüfte erheben", verspricht der Schreiber und „über Büros sowie Aufzüge verfügen, die bis ganz nach oben fahren".

Die Architekten Napoleon Le Brun & Son ließen sich von bestehenden Türmen inspirieren. Letztendlich wurde der Campanile am Markusplatz von Venedig als Vorbild für den MetLife gewählt. Ebenfalls das höchste Gebäude seiner Stadt, thronte der Campanile hunderte Jahre über der venezianischen Lagune, bis er 1902 spektakulär in sich zusammenstürzte. Originalgetreu während der folgenden zehn Jahre wiederaufgebaut, thront der Campanile nun wieder. Hier ist die Verbrüderung von New York und Venedig nicht nur eine symbolische: Konturen und Proportionen sind gleich, Venedigs Campanile und sein New Yorker Ebenbild wurden zur selben Zeit erbaut.

Doch warum suchte man in der verstaubten Vergangenheit nach Bau-Ideen, vor allem bei einsturzgefährdeten Türmen? „Bei einem Gebäude dieser Art ist für die Architekten nicht nur die Bautechnik ein Problem", erklärt der alte *Times*-Artikel. „Es ist nicht leicht, vor allem bei einer quadratischen Grundfläche, so ein Gebäude nicht wie eine große, aufgestellte Schuhschachtel aussehen zu lassen."

06.

Madison Square Park, südliches Ende
nycgovparks.org
Linien N und R/23rd Street

DAS ROSCOE-CONKLING-DENKMAL

Der große Schneesturm von 1888

Das südlichste Denkmal im Madison Square Park ist ein Muster an Einfachheit: ein Mann aus Bronze, der mit seinem rechten Arm eine vage Bewegung macht. Darunter steht ROSCOE CONKLING, ein nicht sehr geläufiger Name. Als US-Kongressmitglied und Senator leitete er die Republikanische Partei während der Grant-Präsidentschaft. Heute erinnert man sich weniger an seine Leistungen als an seinen skurrilen Tod. Conkling kämpfte 1888 vergebens gegen den großen Schneesturm.

Der Schneesturm ist der berühmteste in der Geschichte Amerikas. In der Nacht des 11. März legte sich eine Kaltfront über die verregnete Stadt. Aus dem Regen wurden Graupel und dann Schneeböen, die an Gebäuden rüttelten und Fenster zerbersten ließen. Am Montag fuhren keine Züge mehr nach und aus New York. Roscoe Conkling brach, so wie immer, von seiner Wohnung auf der 29th Street auf zu seinem Büro in der Wall Street.

Das Wetter spielte verrückt: „Eine Million Furien schienen sich in der Luft zu tummeln", berichtete der *Herald*. Fußgänger wurden umgeworfen und gegen Gebäude geschleudert. Die *Sun* schrieb: „Der Wind war stärker, dann wieder schwächer, bäumte sich auf, verlief im Zickzack und spielte mit allem, was er bewegen, forttragen oder an dem er rütteln konnte, ein Spiel der Verwüstung." Die Schneeverwehungen waren teilweise 9 Meter hoch. Das erwartete den 58-jährigen Conkling, der den ganzen Tag allein in seinem Büro verbracht hatte, als er schließlich seinen Mantel zuknöpfte und wieder nach Norden Richtung New York Club auf der 25th Street eilte. Der Politiker schleppte sich die heulenden Straßen entlang bis zum Union Square, wo er plötzlich geblendet wurde und die Orientierung verlor. Er brauchte eine Stunde, um den Norden zu finden und sich einen Weg durch den Schnee zu bahnen. Schließlich erreichte er die Schwelle des Clubs, wo er prompt zusammenbrach. Conkling erholte sich nicht mehr und starb einen Monat später an einer Lungenentzündung. Freunde finanzierten seine Statue von John Quincy Adams Ward. Eigentlich sollte sie am Union Square stehen, doch die Park Commissioners hielten Madison für angebrachter. Das Denkmal steht seit 1893 hier.

07.

71 West 23rd Street
nymasons.org
Linien F und M/23rd Street
Linien N und R/23rd Street – Broadway

DIE FREIMAURER-GROSSLOGE

Ein sehr offener Geheimbund

Die Großloge von New York war einst die größte Freimaurerloge der Welt. 1782 gegründet (die Freimaurerei im kolonialen Amerika geht noch weiter zurück), ist ihr aktueller Standort erstaunlicherweise ein 19-stöckiges Gebäude auf der belebten 23rd Street.

So viele große Persönlichkeiten waren Freimaurer, dass dem Bund nachgesagt wird, die Weltherrschaft übernehmen zu wollen, was sie entgegenkommender als die meisten Einrichtungen macht. Im 14. Stock befindet sich die Bibliothek der Freimaurer. Neben einem Modell des salomonischen Tempels (wesentlich für die Zeremonien der Loge) sowie Büsten und Porträts berühmter Freimaurer (14 US-Präsidenten, auch George Washington) besitzt die Bibliothek eine schöne Kopie des *Processus Contra Templarios*, eine Aufzeichnung der Templerprozesse im Vatikan im 14. Jhdt. Es gibt keinen Beweis für die Verbindung zwischen den Rittern und den Freimaurern, doch „wir haben die Prozesse hier, weil so viele Leute daran glauben", sagt der Direktor Thomas Savini. Es ist, als wäre Gottes Finger im Naturkundemuseum ausgestellt. Savini ist klug genug, um sich nicht von den Spinnern ärgern zu lassen. „Es kommen alle möglichen Leute", sagt er.

„Es kommen Leute, die denken, wir wollen die Weltherrschaft übernehmen, und die wissen wollen, wo der Schatz ist.

Solange sie mit den Büchern vorsichtig umgehen und sich an unsere Hausordnung halten, sind sie herzlich willkommen." Die Bibliothek ist ein wertvolles Gut: über 60.000 Bücher, eine der weltweit größten Sammlungen an Freimaurerschriften.

Um die New Yorker Freimaurer noch besser kennenzulernen, sollten Sie die Logen in den unteren Etagen besichtigen. Die Führung ist äußerst – wie manche misstrauisch sagen würden – offen für Besucher. Kurz nachdem man der Hektik der 23rd Street entkommen ist, befindet man sich in einem der hohen, plüschigen Zeremoniensäle – dem ionischen Saal, dem Renaissance-Saal – und hört den abgedroschenen Witzen des Guides zu.

Die Räume, die in den 1980er-Jahren neu eingerichtet wurden, strahlen eine Pracht aus, die etwas beliebig wirkt, vor allem deshalb, weil alle, abgesehen von den für die Epochen typischen Details, genau gleich aussehen. Der Grundtenor scheint folgender zu sein: „Freimaurer sind in keinster Weise bedrohlich!" Die meisten Räume kann man besichtigen, doch das lässt einen bestimmten Besuchertyp nur noch stärker vermuten, dass sich hinter den versperrten Türen dunkle mit Opferblut besudelte Räume verbergen.

08.

242 West 30th Street
Linie 1/28th Street

DIE STEINFÜCHSE UND DER PELZHANDEL

Wächter, außer Dienst

27. Juli 1933: Drei Männer betraten die 242 West 30th Street, fuhren in den 10. Stock, gingen zu den Büros und zogen ihre Pistolen. Sie trieben den Buchhalter und die Eigentümer in eine große Fabrikhalle, wo mehrere Arbeiter Fuchspelze zuschnitten. Zwei Männer fesselten die Angestellten, während der dritte, der „etwas von Pelzen zu verstehen schien", die besten Stücke in Kartons packte. Die Diebe nahmen den Lastenaufzug nach unten und flohen mit Pelzen im Wert von 15.000 Dollar.
21. November 1935: Zwei Kredithaie, Samuel Mintz und Maxwell „Kitty" Nathan, wurden wegen des Betreibens von Kreditgeschäften ohne Lizenz verurteilt. Sie spezialisierten sich auf das Pelzgewerbe und das mit Erfolg. Pro Monat verdienten sie bis zu 100.000 Dollar. Die zwei waren schwer zu belangen, da Mintz bei den Kürschnern sehr beliebt war. Einer von ihnen, Joseph Fund, gab die Aufnahme von drei 100-Dollar-Krediten zu 5 Prozent Zinsen zu. Er arbeitete bei der Knickerbocker Fur Company, in der 242 West 30th Street.
22. Februar 1936: Eine Frau kam auf der West 30th Street an der Nummer 242 vorbei und wurde fast von einem großen Objekt getötet, das neben ihr am Gehsteig aufschlug. Das Objekt war Andrew Turkchensky, 39, der „entweder aus dem 6. Stock in den Tod fiel oder sprang". Er war Pelzarbeiter und arbeitete in dem Gebäude.
31. Dezember 1936: Im Büro der Kürschnerei Cutler & Ostrowsky im 6. Stock der Nr. 242 feierte man Silvester. Vier Banditen sperrten die feiernden Arbeiter in einen Lagerraum, bevor sie den Schauraum nach „Nerzmänteln und persischen Lammfellen" im Wert von über 10.000 Dollar durchsuchten.
Sehen Sie den roten Faden? Innerhalb weniger Jahre passierten all diese Vorfälle im selben Gebäude. Über alle berichtete die *New York Times*. Banditen, Tragödien, Unfälle, Gangster, Bewaffnete: Es ist nur ein kleiner Einblick in das wilde Pelzgeschäft, das in den 1920er- und 1930er-Jahren das Viertel prägte. Das 1927 erbaute Gebäude 242 West 30th zieren zwei ernste und symbolhafte Steinfüchse, zu Ehren der vielen Tiere, die hier aufgrund ihres Fells ausgebeutet wurden. Die Füchse waren, wie man sieht, lausige Aufpasser.

Ein schrägeres Architekturrelikt des Pelzhandels findet man einen Block weiter südlich in der 214 West 29th, wo Steingnome Eichhörnchen und Pelze mit einer fast anstößigen Begierde liebkosen.

242

09.

7th Avenue auf Höhe der West 33rd und West 31st Street
Linien 1, 2 und 3/34th Street – Penn Station

DIE ADLER VOR DER ALTEN PENN STATION

Man kam in die Stadt wie ein Gott

Zwei 3 Tonnen schwere Marmoradler stehen auf der Seventh Avenue vor der Penn Station, einer an der 33rd und einer an der 31st Street.
Sie krallen sich mit breiter Brust und gespreizten Flügeln an ihre Granitsockel und starren verwirrt auf den vorbeiziehenden Verkehr. Wirken die Adler etwas fehl am Platz, dann deshalb, weil sie zwar am richtigen Ort, aber in der falschen Zeit sind. Früher Teil der majestätischen Fassade der geliebten, alten Penn Station, sind sie jetzt vor der verhassten, neuen gestrandet und ihre Anwesenheit ist mehr Affront als Würdigung. Architekten und Historiker sprechen über die alte Penn Station wie über einen ermordeten Verwandten. „Wie traurig, dass so viele Amerikaner nie wissen werden, wie es war, zum ersten Mal in New York zu sein und an der Penn Station anzukommen", meinte der Historiker David McCullough in der Dokumentation *New York*. Die Wartehalle war der größte Innenraum der Stadt, mit Kassettendecken und korinthischen Säulen im Stil der römischen Caracalla-Thermen. Davor erhob sich ein 11 Meter hoher Säulengang. Eingänge gab es auf allen vier Seiten – ein Novum für einen Bahnhof –, und über jedem hing eine große, in Stein gefasste Uhr, flankiert von den Allegorien für Tag und Nacht. Bei der Fertigstellung 1910 dachten die Architekten McKim Mead & White, sie hätten einen Stadttempel für die Ewigkeit erbaut. Die alte Penn Station stand nur 53 Jahre. Flugzeuge und Autobahnen läuteten das Ende des Bahnzeitalters ein. 1962 kündigte die der Betriebskosten überdrüssige Pennsylvania Railroad an, die Beaux-Arts-Kostbarkeit abreißen und durch den Madison Square Garden ersetzen zu wollen, der an seinen guten Tagen wie eine sowjetische Urananreicherungsanlage aussieht. Die Bahn wurde in ein unterirdisches Labyrinth am selben Standort verbannt. Vincent Scully, Professer an der Yale University, fasst zusammen: „Man kam in die Stadt wie ein Gott. Jetzt huscht man wie eine Ratte herein."
Es dauerte mehr als drei Jahre, um die Unmengen an Granit und Travertin abzureißen. Die Arbeiten des Bildhauers Adolph Weinman – Kapitelle, Engel, Allegorien – wurden in einem Sumpf in New Jersey deponiert. Keine Tafel erklärt die Geschichte der Adler, die heute auf die Seventh Avenue starren, und befragt man auf dem Areal der Penn Station Sicherheitsleute, Hotel- und Büroangestellte, freundliche Betrunkene oder Ticketverkäufer, zeigt sich, dass niemand sie jemals bemerkt hat.

oasted Cof

10.

220 East 42nd Street
Linien 4, 5, 6, 7 und S/Grand Central – 42nd Street

DIE LOBBY DES DAILY NEWS BUILDING

Ein 2 Tonnen schwerer Globus im Zentrum der Welt

Die großen Art-déco-Gebäude der Stadt haben etwas Heldenhaftes an sich, das seither schwer zu finden ist. Das Rockefeller Center, das Empire State, das Chrysler. Sie besitzen so etwas wie ungenierte Größe. Hier reiht sich auch ein Gebäude ein, das weniger besucht ist, aber eine Attraktion aufzuweisen hat, die dem Mindset der 1930er-Jahre entspricht: das Daily News Building und die gigantische 1,8 Tonnen schwere Weltkugel in seiner Lobby. Der Globus ist im Boden versenkt und von unten durch Milchglasstufen beleuchtet. Er vermittelt den Eindruck ruhiger, ungezwungener Kraft: Sollte die leuchtende Kugel eine geheimnisvolle Energie ausstrahlen, die das gesamte Gebäude durchdringt, wäre das nicht überraschend. Auf dem polierten Messing- und Terrazzo-Boden rund um das Objekt breiten sich dunkle Zacken wie die Windpfeile auf einer alten Kompassrose aus. Darüber schwebt eine Kuppel aus eckigen, schwarzen Glaspaneelen. Die Adresse war von 1929 bis 1995 die Zentrale der *Daily News* und dem Idealismus Paroli zu bieten, gehört zur Hektik und zum Rummel einer großen internationalen Zeitung. Falls jemand es nicht verstanden hat: Im Boden eingelassen sind Ortsnamen aus Messing, gefolgt von einer Zahl: Johannesburg: 7988, Bermuda: 768 - die Entfernung von New York, dem Zentrum der Welt, in Meilen. Doch auch andere hier verewigte Fakten sollen den Geist erweitern: „Wenn die Sonne SO GROSS wie dieser GLOBUS wäre“, steht hier, „wäre die ERDE so groß wie eine WALNUSS und würde sich am Haupteingang der Grand Central Station befinden.“ Im Sinne derselben kosmischen Präzision wurde der riesige Planet mit unglaublichem Aufwand in der richtigen Erdneigung montiert. Und er bewegt sich. Stetig, wie eine tickende Uhr, dreht sich die Kugel ein paar Grad um ihre Achse. Vernon, der Mann hinter dem Lobbyschalter, arbeitet schon lange neben dem Erdball, scheint aber noch immer davon beeindruckt. „Wenn Sie ganz nah herangehen, werden Sie sehen, dass er handbemalt ist. Hier hat man keine Mätzchen gemacht, wie sonst überall“, er macht eine Handbewegung, um die Modernisierung allgemein in Zweifel zu ziehen. „Jemand hat das tatsächlich bemalt.“

DIE ZEITUNG VON SUPERMAN

Superman-Fans werden das Daily News Building als Kulisse für den *Daily Planet* erkennen, die Zeitung von Clark Kent und Lois Lane im Richard-Donner-Film von 1978. Das Daily Planet Building erscheint zum ersten Mal 1942 in Cartoons von DC Comic: Vielleicht inspiriert vom Paramount Building am Times Square mit seiner Erdkugel.

11.

Zu sehen in jeder Querstraße des Rasters oberhalb der 14th Street, für gewöhnlich am 28. Mai und 12. Juli

SONNENWENDE IN MANHATTAN

Wenn das Sonnensystem sich mit dem Straßenraster deckt

Laut dem Commissioners Plan von 1811 sollte das Straßenraster der natürlichen Neigung Manhattans folgen. Die Insel weicht 29° vom Lot ab, etwas, das New Yorker oft erstaunt, wenn sie nach den U-Bahn- und Stadtplänen, die sich am Raster orientieren, Manhattan auf einer Karte sehen, auf der New York nicht das Zentrum des Universums ist. Es ist eine der Ironien dieser Stadt, dass das so streng von den Himmelsrichtungen vorgegebene Straßennetz dann doch derart daneben liegt.

22 Tage vor und nach der Sommersonnenwende (normal am 21. Juni) werden die New Yorker auf wunderbare Weise daran erinnert, dass Manhattan nur ein Punkt auf einer sich rund um einen Stern drehenden Kugel ist, die auf ihrer Umlaufbahn feststeckt. An diesen Tagen geht die Sonne in einer Linie mit den Querstraßen unter. Das Ereignis wird *Manhattanhenge* genannt und spielt auf alte Mysterien an. Doch ein Teil der Schönheit ist das fehlende Konzept – oder besser die Tatsache, dass das Sonnensystem sich anscheinend ein Konzept zu eigen macht, das zu einem anderen Zweck entworfen wurde. Überall gibt es Sonnenuntergänge und Straßen, doch nur New York ist eine Inselstadt aus genau vermessenen Schluchten und riesigen Gebäuden.

Das Spektakel, das in jeder Querstraße zu sehen ist, wirkt vor der Kulisse riesiger Gebäude am beeindruckendsten. Aktuell ist die 42nd Street am beliebtesten. Und man muss bis an den Ostrand der Insel gehen, um die volle Wirkung der Sonne im Nadelöhr zu erleben. Die Tudor City Bridge, die sich über die 42nd Street spannt, ist der einzige Ort, an dem man freie Sicht hat und nicht dem Verkehr ausweichen muss.

Gegen 20 Uhr hat sich eine kleine, aber motivierte Gruppe hier versammelt. „Es geht los", sagt jemand, als die Sonne von links in den glitzernden Korridor schwenkt und das Fleckchen Himmel, das bereits orange geleuchtet hat, plötzlich in Gold taucht. Auf der Brücke zwitschern die Kameras, während sich die Sonne, seltsam vergrößert, in der Lücke zentimeterweise nach unten bewegt. Dann ist sie weg: Der Himmel verblasst von pfirsichfarben bis violett, wo er auf die verschwommene Silhouette von New Jersey trifft. Weiter unten krächzt ein Polizeiauto einer Gruppe, die in die letzten Farbstreifen blinzelt, entgegen: „Runter von der Straße!"

Auch im Winter gibt es ein *Manhattanhenge*, doch umgekehrt: Vor und nach der Wintersonnenwende (normal am 21. Dezember) geht die Sonne am östlichen Ende der Querstraßen unter.

ZWISCHEN 42ND UND 59TH STREET

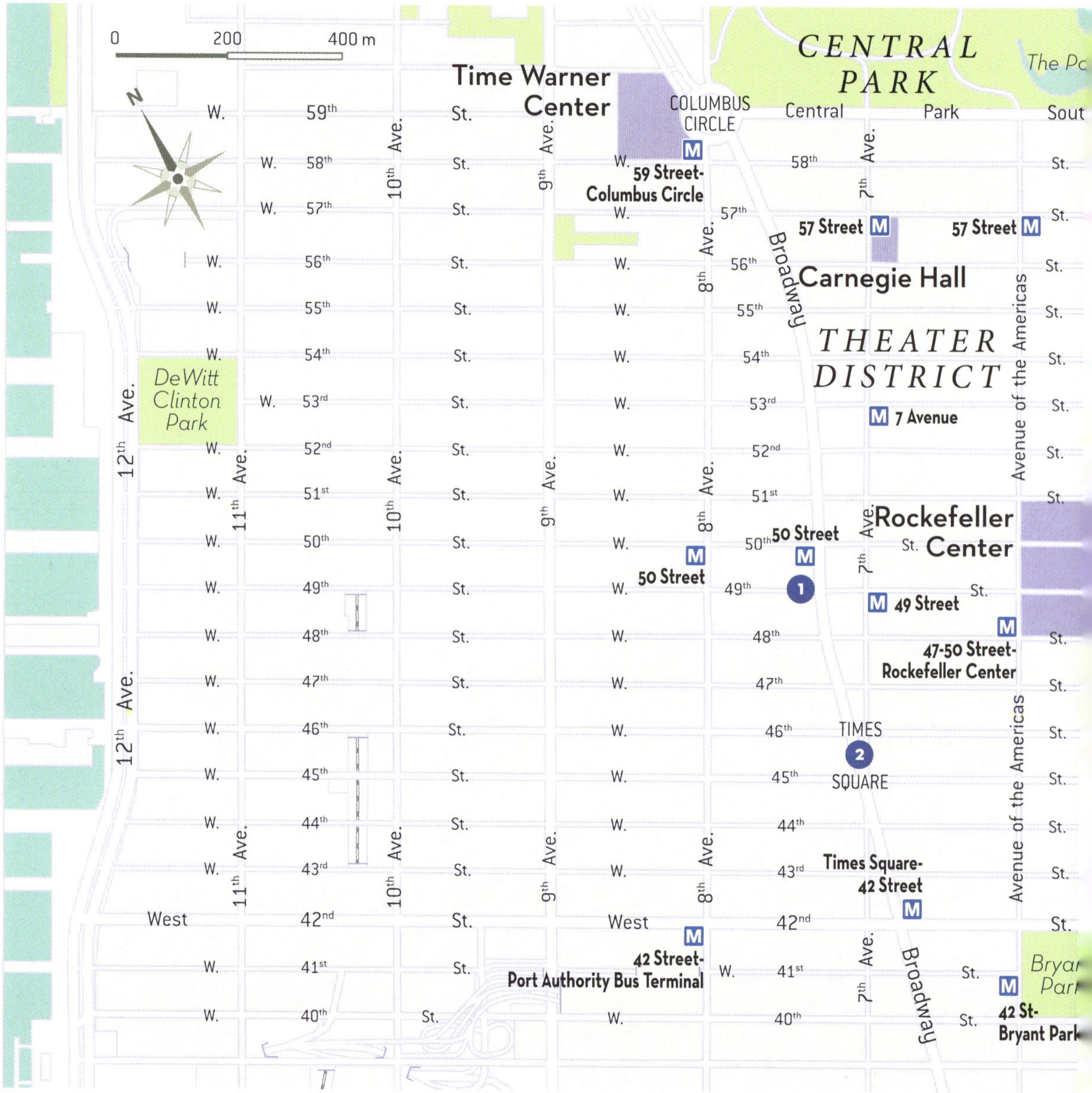

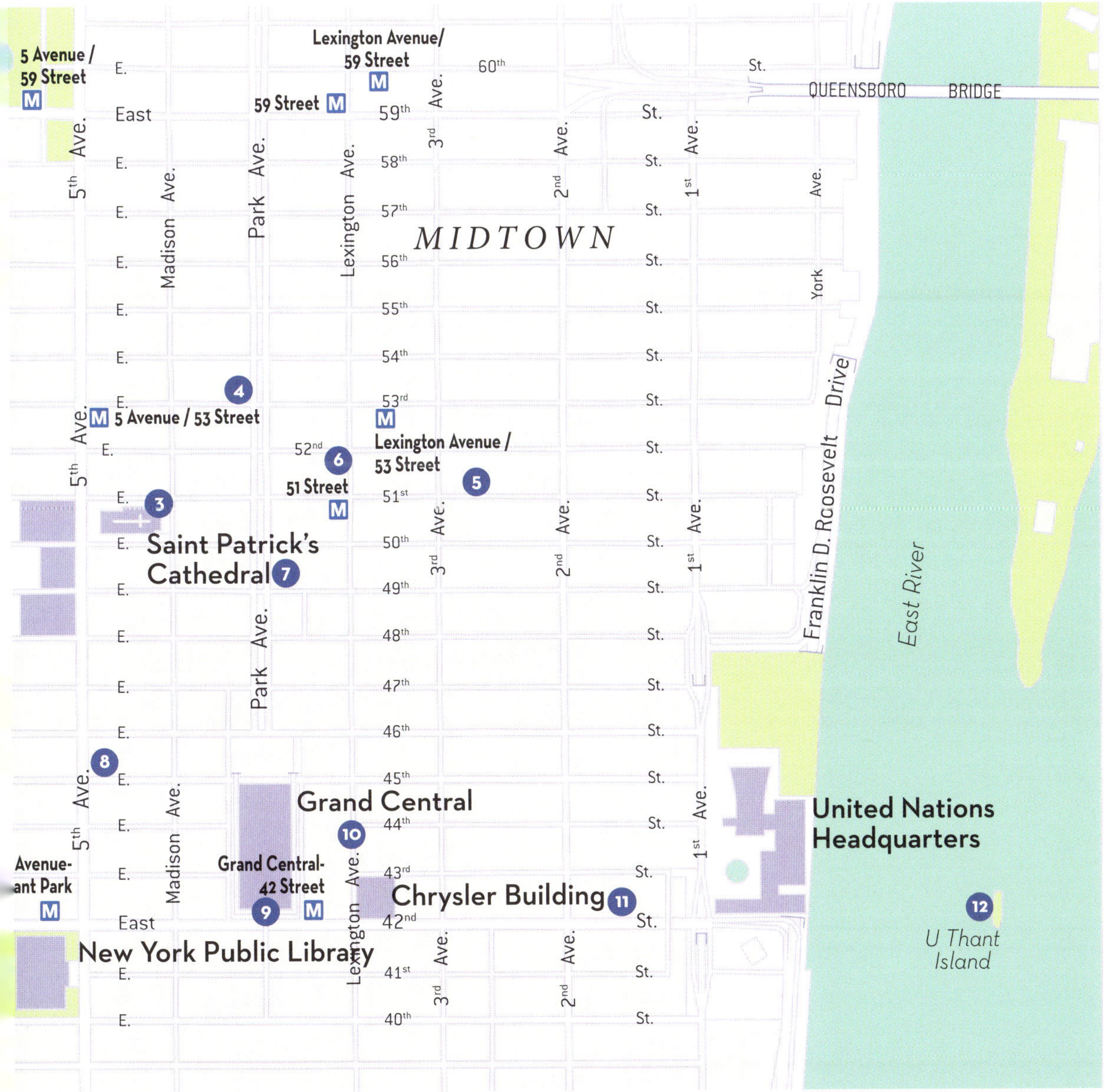

07. DAS COLE-PORTER-KLAVIER *S. 146*

08. DAS FRED F. FRENCH BUILDING *S. 148*

09. DIE FLÜSTERGALERIE IN DER GRAND CENTRAL STATION *S. 150*

10. DIE RATTEN DES GRAYBAR BUILDING *S. 152*

11. DAS ATRIUM DER FORD FOUNDATION *S. 154*

12. U THANT ISLAND *S. 156*

01.

1619 Broadway auf Höhe 49th Street
Linien 1, 2, A und C/50th Street
Linien N, Q und R/49th Street

DAS BRILL BUILDING

Tragische Kehrtwende auf dem Times Square

Rund um den Times Square ist alles in ein ständig blinkendes buntes Licht getaucht: Dass hinter all dem Glanz auch noch beeindruckende Gebäude warten, ist eher Nebensache. Im relativen Dunkel des oberen Broadway-Endes auf Höhe der 49th Street steht ein großartiges Bauwerk: das Brill Building. Es besitzt als Einziges hier eine Art-déco-Fassade und einen sonderbaren Zusatz: Über dem Eingang und, noch eindrucksvoller, zehn Etagen über der Straße, findet man große, lebensechte Porträts eines jungen Mannes mit leerem Blick. Sollte sich jemand schon einmal gefragt haben, warum Porträts nicht öfter an Gebäuden zu sehen sind, dann deshalb: Es sieht seltsam aus.

Der junge Mann ist Alan E. Lefcourt, Sohn des Bauherrn. Eigentlich sollte es Alan E. Lefcourt Building heißen. Doch aufgrund einer tragischen Kehrtwende kam alles anders. Alans Vater, Abraham Lefcourt, begann als Schuhputzer und arbeitete sich, in echter Weltstadt-Manier, an die Spitze eines Immobilien-Imperiums hoch. Seinen einzigen Sohn liebte er abgöttisch. An seinem 13. Geburtstag schenkte er ihm einen Wolkenkratzer und benannte das Gebäude auf der 49th nach ihm. Den Namen sollte man bald auf der ganzen Welt kennen: 1929 errichtet, als Lefcourt etwa 100 Millionen Dollar besaß, war das Times-Square-Gebäude auf dem Papier das höchste der Welt. Dann starb Lefcourts Sohn innerhalb weniger Jahre an Anämie. Der Börsenmarkt brach zusammen, das Gebäude wurde verkleinert, Investoren reichten Klage ein, das Imperium zerbröckelte und Lefcourt selbst starb, vielleicht von eigener Hand. Die Brill-Brüder, die die Liegenschaft vermieteten, kündigten den Pachtvertrag und ließen ihren eigenen Namen anbringen. Das Brill Building sollte zu einem Grundpfeiler der amerikanischen Musikindustrie werden.

BIG APPLE CORNER

Fünf Blocks weiter nördlich, auf Höhe der 54th Street, befindet sich das vielleicht einzige Denkmal zu Ehren eines Beinamens. Die Kreuzung heißt offiziell Big Apple Corner. Der Ursprung des Beinamens „Big Apple“ für New York ist nicht ganz klar, doch scheint er aus der afroamerikanischen Kultur der 1930er-Jahre zu stammen. Big Apple war der Name eines beliebten Jazzclubs in Harlem. Dort aufzutreten, bedeutete den Durchbruch. Der Ausdruck wurde auch von afroamerikanischen Stallburschen auf der Rennsstrecke verwendet, wo der Sportkolumnist John FitzGerald ihn aufschnappte und ihn in der Presse populär machte. Der Big Apple Corner liegt in der Nähe des Hotels, in dem FitzGerald lebte und auch starb.

BRILL BUILDING
1619
DELIVERIES AT
49th STREET

02.

Südwestliche Ecke 46th Street und Seventh Avenue,
auf der Verkehrsinsel östlich des Broadways
Linien 1, 2, 3, 7, N, R, Q, S, W/42nd Street – Times Square
Linie 1/50th Street
Linien N, R und W/49th Street

TIMES SQUARE

„Die Leute sind nicht aufmerksam genug"

„Es hört sich wie eine Art Außerirdischer an", lächelt John und blickt mit Staunen auf seine Füße. John kommt aus Ghana und trägt die rote Jacke der Straßenverkäufer, die Tickets für die Tourbusse verkaufen. Am Times Square kennt er sich aus und er arbeitet „täglich, den ganzen Tag" an derselben Ecke. Er neigt seinen Kopf, um durch den Tumult eines der weltweit meistbesuchten Orte besser zu hören. Aus den umliegenden Straßen erklingt das Rattern der Autos und LKWs, die Lüftungskanäle des Gebäudes gegenüber stöhnen und die unzähligen Touristen plappern in tausend verschiedenen Sprachen. Doch nur John bemerkt, dass, genau hier, von unten kommend, ein deutliches, aber überirdisches Brummen unaufhörlich anschwillt.

Diese Klanginstallation, mit dem einfachen Namen Times Square, ist das Werk des Künstlers Max Neumann und singt hier seit 1977. Was hier singt, ist allerdings unklar. Wenn man sich zum Metallgitter am Boden hinunterbeugt und durchblickt, sieht man bloß schmutzige Querträger und den zu erwartenden urbanen Abfall: Papierfetzen, Flaschendeckel, die eine oder andere Münze. Es scheint, als ob die Straße selbst singen würde und klingt wie eine große Glocke, ein paar Sekunden, nachdem sie geschlagen hat. Und obwohl er sich nicht groß verändert, überlagern sich in diesem Klang viele verschiedene Töne: ein Wrumm, das die ständige Bereitschaft zum Aufbruch andeutet.

„Es klingt wie ein Glockenspiel", sagt Guy, der kurz davor mit gesenktem Kopf über die Verkehrsinsel geeilt ist, wie alle New Yorker, die den Times Square überqueren müssen. „Es ist cool, lange Zeit in einer Stadt zu leben und doch immer wieder Neues zu entdecken. Wie auf einer Schatzkarte." Was möchte der Klang uns sagen? „Vielleicht, dass die Leute nicht aufmerksam genug sind."

Oder das überall irgendwo ist. Dieses Kunstwerk hisst eine kuriose Flagge an einer unscheinbaren Ecke, an der es Ablenkung in Hülle und Fülle gibt. Bemerkt man es, wird man eindrucksvoll an die eigene Anwesenheit im Hier und Jetzt erinnert.

03.

Marienkapelle der Saint Patrick's Cathedral (Fassade)
Ecke Madison Avenue und 51st Street
saintpatrickscathedral.org
Linien E und M/5th Avenue – 53rd Street
Linien B, D, F und M/Rockefeller Center
Linien 4 und 6/51st Street

DAS SCHWEIN VON ST. PATRICK'S

Komisch und wenig furchterregend

Auf die Frage, ob die Kathedrale interessante Geheimnisse habe, schütteln die Damen am Empfang von St. Patrick's den Kopf. „Nein", sagt Eileen. „Nein", sagt Marianne. Doch dann deutet sie zum hinteren Ende der Kirche. „Es sei denn, Sie möchten das Schwein sehen?"
Das „Schwein" ist ein Steindämon, der an der Fassade der Marienkapelle, am hinteren Kathedralenende, emporklettert. Über Jahre war die Skulptur ein Insider-Witz unter den Priestern von St. Patrick's, die aus ihren Wohnungen im 2. Stock des angrenzenden Pfarrhauses eine gute Aussicht darauf haben. Sie ist das Erste, was sie am Morgen sehen, wenn sie aus dem Fenster schauen, und niemand kennt ihre Bedeutung.
Fünf Minuten später zeigt Marianne auf die Skulpur, während der Verkehr auf der Madison Avenue vorbeirauscht. Die Figur sieht einem Schwein nicht sehr ähnlich. Oder irgendeinem anderen irdischen Wesen: Es ist ein Monster mit Stummelarmen, das sich an den Fensterbögen hochzieht, mit drei Zehen an den Füßen, einem Kugelbauch und kammbesetztem Hals, der in einem Spalt des Mauerwerks verschwindet.
„Jemand dachte, es wäre ein Nilpferd", sagt Monsignor Ritchie. Er und Vater Joe haben sich ans offene Fenster des Pfarrhauses über dem Gehsteig gestellt, ihre Füße etwa auf Augenhöhe. Die beiden wohnen dort. „Bischof Sullivan meinte, es hätte einen Entenfuß." Sie sagen, dass das Schwein keine besondere Rolle im Priesteralltag spiele, sondern nur der Belustigung diene. „Aber wenn ich anderen die Kathedrale zeige, ermuntere ich sie, hier nach oben zu schauen", sagt Vater Joe. „Niemand hat es je bemerkt. Es ist eine dieser kleinen Kuriositäten."
Ungeheuer sind langjährige Gefährten von Kirchen. Einige sind Besucher aus der Hölle. Haben die Priester je daran gedacht, dass der eigentliche Zweck nicht scherzhafter Natur sein und das Schwein dort oben ein finsteres Vorhaben verfolgen könnte? „Spaßig", sagen Vater Joe und Monsignor Ritchie gleichzeitig und lächeln, während sie nicken.
Sie haben recht. Die Marienkapelle wurde später und nicht von Chefarchitekt James Renwick, sondern von Charles T. Mathews erbaut. Einer alten Broschüre zufolge lebte Mathews einige Zeit in Frankreich und entwickelte „eine Vorliebe für Wasserspeier". Ursprünglich plante er hässliche Fratzen, doch die Treuhänder verlangten, „etwas Komisches und weniger Furchterregendes". Die Wasserspeier wurden 1940 aufgrund ihrer Instabilität entfernt. Das in seiner Ecke versteckte „Schwein" ließ man in Ruhe.

04.

390 Park Avenue
Linien E und M/5th Avenue – 53rd Street

DIE LEVER HOUSE PLAZA

Große Kunst für Otto Normalverbraucher

Das Lever House war schon immer ein Wahrzeichen: Es ist das erste Hochhaus mit einer „Vorhangfassade“, bei der die äußere Hülle an einer tragenden Struktur im Inneren hängt. Seit kurzem ist das Gebäude aus einem anderen Grund bekannt: als unerwartetes zeitgenössisches Kunstmuseum.

1950–52 erbaut, war das Gebäude zuerst die Zentrale des britischen Waschmittelherstellers Lever Brothers. Wegen dieser 24-stöckigen Glasfront waren Vorhangfassaden plötzlich der letzte Schrei: Innerhalb von zehn Jahren glänzte der Abschnitt der Park Avenue zwischen Grand Central und 59th Street. Seit 1982 denkmalgeschützt und von der Immobiliengesellschaft RHR Holding renoviert, sieht das Lever House heute so aus wie vor einem halben Jahrhundert. Mit einem Unterschied: Die Plaza davor zieren nun große bis riesige Skulpturen und Installationen prominenter Künstler.

Das ist Richard Marshall zu verdanken, einem Freund der Eigentümer und seit zwanzig Jahren Kurator des Whitney Museums. Zuerst plante die RHR Holding eine kommerzielle Nutzung des Platzes, doch der Denkmalschutz schränkte die Möglichkeiten ein. Marshall warb für eine Nutzung als ständig wechselnde Ausstellungsfläche, wo Künstler auf der Plaza große Skulpturen präsentieren konnten, ergänzt durch Werke verschiedenster Art in der verglasten Lobby. Jetzt gehört das Projekt zur Strategie des Lever House.

Große Skulpturen von (unter anderem) Damien Hirst, Keith Haring und Jeff Koons wurden hier ausgest-ellt. Künstler finden es reizvoll, ihre Werke in einem Stadtteil auszustellen, den niemand jemals als trendy bezeichnen würde und der RHR Holding bringt es Prestige. Doch eigentlich ist es ein öffentlicher Service. „Galerien stellen aus, um etwas zu verkaufen, und Museen verlangen Eintritt“, bemerkt Marshall. „Wir machen keines von beiden. Wir verkaufen nichts. Wir verlangen nichts. Und wir haben jeden Tag geöffnet.“

Auf die Frage, ob die Kunst für die Büroangestellten nicht ein bisschen heftig sei (so ist z.B. Hirsts 10 Meter hohe Bronze-Skulptur *Virgin Mother* eine schwangere Frau, deren Haut auf einer Körperhälfte abgezogen ist), antwortet Marshall: „Ich bekomme sowohl Beschwerden als auch Lob.“

Gegenüber auf der Park Avenue 375 steht ein weiteres Sinnbild funktionalistischer Architektur: Mies van der Rohes 38-stöckiges Seagram Building, das fünf Jahre nach dem Lever House errichtet wurde.

05.

217 East 51st Street
greenacrepark.org
Linien E und M/53rd Street
Linien 4 und 6/51st Street

DER GREENACRE PARK

Die Essenz Manhattans

In New York gibt es jede Menge Oasen: Orte, an denen man kurz aus dem Treiben der Stadt aussteigen und etwas Frieden genießen kann. Viele davon entstehen ganz natürlich und sind höchst individuell: Eine Treppe oder ein paar Bäume reichen vielleicht schon. Andere wurden extra dafür entworfen, und der Greenacre Park auf der 51st Street ist der Star unter ihnen. Am auffälligsten ist der komplette Verzicht auf Natur. Greenacre will kein *Rus in urbe* sein, „ein Land in der Stadt". Man hat hier nicht das Gefühl, Manhattan zu verlassen, sondern eher, einen Raum zu betreten, an dem das Wesen Manhattans auf das Wesentliche heruntergebrochen wurde. Es gibt Geometrie, öffentliches Leben sowie ein unaufhörliches Rauschen, und der hier gebotene Friede ist ein Friede im Stile Manhattans: Geschäftig und selbstbewusst. Das Herzstück ist ein 8 Meter hoher Wasserfall, der die Ebenen der urbanen Landschaft imitiert: Tausende Liter Wasser stürzen tosend über aufsteigende Granitblöcke, und auf beiden Seiten schlingt sich der Efeu über den Stein. Das Tosen ist Absicht. Sitzt man mit einem Buch im feinen Nebel der unteren Terrasse, verstummt die nur einige Schritte entfernte Straße: Das konstante Rauschen des Wasserfalls erzeugt eine Art Stille. Die Luft in dem kleinen Park verströmt einen angenehm künstlichen Geruch: Ein Hauch von Chlor. Die Notwendigkeit urbaner Oasen wurde offiziell unter Bürgermeiser Lindsay mit seiner Vest-Pocket-Park-Initiative erkannt (siehe Seite 226). Geräusche sind in einigen davon ein Thema. Das Übertönen des Hupens und Brummens der Stadt durch tosendes Wasser hat einen Namen: „Graues Rauschen". 1971 erbaut, wurde Greenacre von einer privaten Institution finanziert. Man vertraut hier auf viele und eindeutige Regeln: Die Stühle nicht zwischen den Terrassenebenen bewegen, kein Sport, kein Anfassen der Pflanzen, keine Haustiere. Der Wachmann, der vielleicht sonst hypnotisiert auf das fallende Wasser starren würde, wacht penibel über ihre Einhaltung.

PALEY PARK

Greenacre hat drei Straßen weiter eine konzeptionelle Schwester: Paley Park auf der 53rd Street. Paley bietet einen Minimalismus, der ebenfalls ein wesentliches Merkmal Manhattans ist: Er ist schick – mit einer schlichten Wasserwand und symmetrisch angeordneten schlanken Johannisbrotbäumen. Gehen Sie abends hin, wenn der Wasserfall von hinten beleuchtet wird und das Wasser golden glänzt.

06.

Südwestliche Ecke der Lexington Avenue und der East 52nd Street
Linien 4 und 6/51st Street

DAS U-BAHN-GITTER VON MARILYN MONROE

Wo „das Mädchen" zur Legende wurde

Die U-Bahn fährt vorbei, ein Luftzug steigt durch das Gitter im Gehsteig und weht Marilyn Monroes Rock hoch.

Wenn es nicht die berühmteste Szene des amerikanischen Kinos ist, dann fehlt dazu auf jeden Fall nicht viel. Sie spielte sich an der Ecke Lexington und East 52nd ab.

Marilyn Monroe war von Anfang an Hauptdarstellerin in „Das verflixte 7. Jahr". Im Film (sowie im gleichnamigen Broadway-Schlager) heißt die Rolle Monroes im Manuskript einfach „das Mädchen". Die Geschichte ist simpel: Braver Ehemann ist allein zu Hause, Mädchen treibt ihn in den Wahnsinn. Regisseur Billy Wilder dachte, der Film würde es nie durch den prüden Produktionskodex Hollywoods schaffen. Schließlich gab er bei einem wichtigen Punkt nach: Im Stück landen die beiden am Ende im Bett, während die Spannung im Film bestehen bleibt. Monroe wird dadurch noch begehrenswerter.

Die legendäre „U-Bahn-Szene" scheint heute harmlos, doch ihr Ruhm dauert an. Der brave Ehemann (Tom Ewell) und Monroe schlendern an einem heißen Sommerabend aus dem Kino. „Ach, hier kommt der Luftzug aus dem U-Bahn-Schacht!" Monroe juchzt: „Ist das nicht himmlisch?" New Yorker kennen die Antwort („nein"), aber wen kümmert's? Wir sind im Movieland. Die Dreharbeiten fanden am 9. September 1954 statt und wurden groß angekündigt: Als Monroe in ihrem Neckholder-Kleid ankam, hatten sich vor Ort Tausende Zuschauer und ein Rudel Pressefotografen eingefunden. So wie die über ihm lebende Nachbarin des Ehemanns nur auf „das Mädchen" reduziert wird, so wurde Monroes gesamte Filmkarriere, ihre gesamte Person, auf diesen einen Moment reduziert: die durch die vorbeifahrende U-Bahn entblößten Beine. U-Bahn-Marilyn-Poster, U-Bahn-Marilyn-Tassen, T-Shirts, Schlüsselanhänger, Maus-Pads, Sparschweine: All das findet man in Souvenirläden auf der Fifth Avenue. Doch nur wenige pilgern zur Ecke Lexington und East 52nd Street. Der Manager des Restaurants, vor dem sich das legendäre Gitter befindet, meint, dass jene, die sich hierherbemühen, etwas enttäuscht sind. „Es gibt hier keine Tafel, kein Schild oder Ähnliches." Steve McClendon, ein Müllmann, der das Gitter „zwanzig, dreißig Mal pro Tag" kehrt, kennt den Film nicht und auch Marilyn Monroe nur entfernt. Nachdem er die legendäre Pose vorgezeigt bekommt, lächelt er. „Ach das", sagt er, „Ja, das kenne ich."

BUSES
ONLY

07.

Waldorf Astoria
301 Park Avenue
hilton.com/fr/hotels/nycwawa-waldorf-astoria-new-york
Linien 4 und 6/51st Street

DAS COLE-PORTER-KLAVIER

Es gibt kein schöneres Liebeslied

Im Mezzanin des Waldorf Astoria auf der Park Avenue steht ein Steinway-Klavier. Der Deckel hat einen Sprung, der Lack ist abgenutzt, das Instrument ist still: Die Klaviaturklappe ist verschlossen. Doch das Klavier strahlt, wie eine auf Nostalgie gepolte Antenne, die Eleganz des alten New York aus: Smokings, Abendkleider, Zigarettenschachteln, Cocktail-Partys. Es gehörte einst Cole Porter.

Porter zog 1934 in die Waldorf Towers, doch schon lange davor begann er New York durch seine Musik zu prägen. Einige seiner Lieder schöpfte er direkt aus der Stadt – „Washington Square", „Take Me Back to Manhattan", „I Happen to Like New York" –, doch seine Kompositionen scheinen das auszudrücken, was am urbanen Leben romantisch, elegant und schick ist. Es ist der Gedanke von New York ohne all seine Schnörkel.

Das Klavier wurde 1907 gebaut. Es ist ein mittelgroßer Mahagoni-Flügel in der Farbe von dunklem Honig, mit Doppelbeinen im Empirestil sowie handbemalten Girlanden und Hoffiguren. 1939 schenkte Porter ihn dem Hotel, doch er blieb dicht an dicht mit einem anderen Klavier in seiner Suite stehen, bis er 1964 starb. In gewisser Weise steht das Instrument für das Schicksal der Klaviermusik. Schöne Worte in Akkorde zu gießen machte Porter zu einem Salonlöwen. Nach seinem Tod wurde das Klavier in die Royal Suite gebracht, ein fürstliches Luxusappartment, dass sich über die gesamte Länge des Blocks in der 50th Street im obersten Stockwerk des Hotels erstreckt. Später verströmte es in der zentralen Lobby des Waldorf Astoria einen klassischen Luxus in der Peacock Alley Lounge, bis es schließlich auf seinem Platz im Mezzanin, direkt über dem Haupteingang des Hotels auf der Park Avenue, landete. Irgendwann wurde das Klavier zum „Cole-Porter-Klavier" – also zu einem Museumsstück. Im Mezzanin wurde es über 15 Jahre von Daryl Sherman gespielt, einer der besten Interpretinnen dieser sterbenden Liedform. „Das bin nicht ich, die spielt", pflegte sie vor der Darbietung von „Night and Day" zu sagen, „das ist Cole Porters Geist, der auf dem Hexenbrett spielt." Als das Waldorf Astoria 2007 von der Blackstone Group gekauft wurde, optimierte man den Betrieb und Sherman wurde vor die Tür gesetzt. Jetzt bleibt das Klavier meistens verschlossen.

Steinway & Sons bieten einen Nachbau des Cole-Porter-Flügels an. Er heißt „High Society".

Porters Suite 33A in den Waldorf Towers wird seit 2010 vermietet. Der Preis: 140.000 Dollar/Monat.

08.

551 5th Avenue auf Höhe der 45th Street
Linie 7/5th Avenue
Linie S/Grand Central – 42nd Street

DAS FRED F. FRENCH BUILDING

Babylon auf der 5th Avenue

Viele der Art-déco-Gebäude in New York weisen wunderschöne mesopotamische Elemente auf. Dieser Designtrend soll D.W. Griffiths Film *Intoleranz* von 1916 und seinen verführerischen Kulissen zu verdanken sein. Doch einige hohe New Yorker Gebäude – die „rückgestuften" Riesen, die sich in immer kleineren Stufen zum Himmel strecken – sehen aufgrund einer Bauvorschrift wie Stufenpyramiden aus der Bronzezeit aus. Das Wechselspiel zwischen Design und Regelwerk können Sie in einem Meisterwerk des modernen Babylon, im Fred F. French Building auf der Fifth Avenue, bewundern.

Die Bauregelung in Manhattan war die erste in Amerika. Ab einer bestimmten Höhe musste sich ein Gebäude nach oben hin verjüngen. Für die ersten hohen Gebäude war dieses Design eine statische Notwendigkeit, doch mit dem Aufkommen der Stahlrahmen hatte man aus gutem Grund Angst, dass die Straßen kein Sonnenlicht mehr sehen würden. Das French Building demonstriert die Bauregelung: Es springt nach der 12. Etage immer weiter zurück, bis der Turm auf 25 Prozent seiner Grundfläche geschrumpft ist. Ab hier durfte er bis zum Himmel reichen. Das tempelartige Aussehen ist teils Zufall, doch die Fassade ist babylonisches Art déco vom Feinsten: Mit ockerfarbenen, schwarz umrandeten Verzierungen und einem leuchtenden Fries aus bunten Fayence-Kacheln auf dem Turm: Greifvögel, die eine stilisierte Sonne flankieren.

Doch am besten kann man in der Lobby in die Atmospäre von einst eintauchen. Der Eingang ist eine bronze-glänzende Hommage an das Ischtar-Tor mit Verzierungen, die „Manhattan als neues Babylon und die Wolkenkratzer als Nebukadnezzars hängende Gärten heraufbeschwören" (*New York* 1930; Stern, Gilmartin und Mellins). Die Lobby mit ihrer goldverzierten Gewölbedecke führt zum verblüffendsten Aufzug der Stadt. Die beiden polierten Bronzetüren mit den stilisierten Allegorien glänzen, als ob sie direkt aus dem Thronsaal eines Gotteskönigs hierher gebracht worden wären.

Die Bauregelung zur Rückstufung galt in New York von 1916 bis 1961.

Sloan & Robertson wurden 1926 zum Bau des French Building herangezogen. Ein weiteres Beispiel ihrer Art-déco-Architektur aus derselben Zeit finden Sie auf Seite 214.

09.

Grand Central Terminal, 87 East 42nd Street
Im Food Court direkt vor der Oyster Bar

DIE FLÜSTERGALERIE IN DER GRAND CENTRAL STATION

Schallübertragung à la Guastavino

In der Grand Central Station gibt es eine nicht gekennzeichnete Stelle mit überirdischen Fähigkeiten: Flüstert man in die eine Ecke der schönen Gewölbedecke, kann eine andere Person in der etwa 12 Meter entfernten gegenüberliegenden Ecke es deutlich hören. Der Effekt ist verblüffend und durchdringt das Gepfeife und Getöse des größten Bahnhofs der Welt.

In den Staaten und im Ausland gibt es einige Gebäude mit Flüstergalerieeffekt. Man benötigt dafür ein Ellipsoid und Fokuspunkte, die sich gegenüber liegen. Die Flüstergalerie der Grand Central Station befindet sich direkt vor der Oyster Bar, und das Fliesenmuster setzt sich im Gewölbe der Bar fort, wo Personal und Gäste immer wieder besonders gut geeignete Stellen finden. Für ein optimales Hörerlebnis muss man mit dem Gesicht zur Ecke und so nah am Stein wie möglich sprechen. Ihr Adressat muss in der diagonal gegenüberliegenden Ecke stehen, nicht in der daneben. Der Schall wird entlang des Gewölbes „übertragen", ein passender Begriff, da die gehörte Stimme einen spektralen, körperlosen Klang hat, als ob hier eine veraltete Technologie zum Einsatz käme.

Ein weiteres Merkmal von Flüstergalerien: Sie entstehen für gewöhnlich zufällig. Das gilt natürlich nicht für perfekt ellipsoidförmige Fliesendecken – aber sehr wohl für jene, die wir der harten Arbeit des spanischen Baumeisters Rafael Guastavino verdanken. Der Architekt kam 1881 mit seinem Sohn aus Barcelona nach New York und patentierte bald darauf sein „Sichtziegelgewölbe" aus Terracotta-Fliesen im Fischgrätmuster. Die Fliesen hatten einen entscheidenden Vorteil: Sie waren feuerfest und konnten über lange Bögen und Gewölbe direkt, ohne gestützt werden zu müssen, in den Mörtel gelegt werden. Die Technik, die in Katalonien schon lange eingesetzt wurde, war in den Vereinigten Staaten so gut wie unbekannt. Guastavino und sein Sohn brachten insgesamt über 20 Patente ein, und die Methode war so angesagt, dass die Fliesenhersteller kaum mit der Produktion nachkamen.

Die Guastavino-Fliesen sind ein wesentliches Merkmal der Beaux-Arts-Architektur in New York, und man findet sie in unzähligen bekannten Gebäuden, so auch in der Kathedrale Saint John the Divine, dem Registrierraum auf Ellis Island und der Federal Reserve Bank.

VANDERBILT AVENUE 42ND STR
RANT

10.

Lexington Avenue zwischen der 43rd und 44th Street
Linien 4, 5, 6, 7 und S/Grand Central – 42nd Street

DIE RATTEN DES GRAYBAR BUILDING

Art-déco-Plagen

Zu Unrecht oft für eine östliche Erweiterung der Grand Central Station gehalten, hat das Graybar Building auf der Lexington Avenue seine eigene bahnbrechende Identität. Nach der Fertigstellung 1927 war die Zentrale der Graybar Electric Company aus Ziegeln und Kalkstein der größte Büroturm der Welt. Die Fassade orientiert sich an den geometrischen Formen des Art déco aus den 1920er-Jahren (siehe Seite 210), und während auf der Ostfassade die riesigen Allegorien für Transport und Kommunikation mit lockigem Bart einen besonderen Akzent setzen, erkennt man die Einzigartigkeit des Gebäudes am besten weiter unten, auf den Verstrebungen, die das Vordach stützen. Hier findet man die einzigen architektonischen Ratten New Yorks. Man übersieht die Ratten leicht und erst 1933 wurde der New Yorker darauf aufmerksam. „Als die Entwürfe für das Gebäude entstanden, wollten die Architekten das maritime Thema irgendwo auf der Fassade unterbringen. Es findet sich in Form von Albatrossen auf dem Flachrelief wieder, das die Fassade ziert, doch die Architekten Sloan & Robertson stellten auf geniale Weise eine Parallele zwischen den Stützstreben und den Leinen zum Festmachen oder Ziehen von Schiffen her. Es geht um mehr als nur Ratten: Jene, die die Fassade des Graybar hinaufhuschen, werden von „Hindernissen" gestört – den Trichtern, die echte Ratten davon abhalten, sich im Hafen auf Schiffen zu verstecken. Aus Gusseisen hergestellt und in eckige Flächen unterteilt, die früher modern gewirkt haben mögen und heute an Roboter erinnern, sehen die Ratten aus, als führten sie nichts Gutes im Schilde. Es gibt aber noch mehr: Jede der Verstrebungen ist mit dem Gebäude durch eine Rosette verbunden, die aus Rattenköpfen besteht. Das Graybar war zu Beginn ein sehr hippes Gebäude, mit Büros der Verlagsriesen Condé Nast, Vogue und Vanity Fair sowie der Remington Schreibmaschinen. Mit der Zeit verlor die Adresse an Prestige und ein gusseisernes Ungeziefer nach dem anderen verschwand. Als das Gebäude im Jahr 2000 renoviert wurde, fand man auf den technischen Zeichnungen den ungewöhnlichen Hinweis: „Fehlende Ratten ersetzen."

11.

320 East 43rd Street (Zugang zum Atrium auf der 42nd Street)
fordfoundation.org
Linien 4, 5, 6 und 7/Grand Central – 42nd Street

DAS ATRIUM DER FORD FOUNDATION

Ein Kasten voller Wald auf der 42nd Street

Keinem anderen Gebäude in New York ist ein grünes Kunststück wie jenes in der Ford Foundation gelungen. Der Hintereingang umfasst ein Atrium, das so hoch wie der Bau selbst ist: ein 12-stöckiger, auf zwei Seiten mit Glas eingefasster Lichthof. Auf der Erde – es wäre seltsam, hier Boden zu sagen – erheben sich terassenförmige Ebenen mit Dschungelpflanzen. Beim Öffnen der Tür schlägt einem Sauerstoff und der Duft nach feuchtem Holz entgegen und eine innere Stimme flüstert: *Das habe ich auf der 42nd Street nicht erwartet.*

Korrekterweise sind nicht alle Pflanzen Dschungelgewächse. Laut Lal, einem der Gärtner, gibt es hier „Pflanzen der tropischen und gemäßigten Zone". Zur gemäßigten Zone gehört die Kiefer. Tropisch ist fast alles andere: Viele der Pflanzenarten gibt es auch in Lals Heimat Guyana. Es wirkt tatsächlich, als wäre hier ein Stück aus einem fernen Regenwald abgeladen worden. Gleichzeitig ist alles sehr ordentlich: Saubere Fliesenwege ziehen sich durch die Pflanzen und laufen an einem Wunschbrunnen zusammen. „Wir spenden die Münzen an UNICEF", sagt Eddie, ein Wachmann, der seit 30 Jahren hier arbeitet. Er findet es hier gegen 10 Uhr morgens am schönsten, wenn die Sonne im Osten durch die Fenster scheint – und er muss es ja wissen.

Das Atrium ist ein wirklicher Hingucker, doch das Motiv hinter dem Entwurf ist nicht nur die Schönheit. Die Ford Foundation, ein Vermächtnis der Autohersteller Henry Ford und seines Sohns Edsel, ist eine private Stiftung, die sich auf Themen wie Armut, Bildung und soziale Gerechtigkeit konzentriert. Die Architekten Kevin Roche und John Dinkeloo erkannten, dass Transparenz für eine solche Organisation unverzichtbar ist. Roche stellte sich vor, wie Mitarbeiter der Foundation ihren Blick über das offene Atrium schweifen lassen und sich ihren Kollegen dadurch näher fühlen, alle verbunden durch ein gemeinsames Verantwortungsbewusstsein. Die Idee mag erdrückend klingen, die Realität ist es nicht – oder zumindest nicht nach außen hin. Die Büros mit ihren hellen Fenstern, die von rostigen Eisenträgern in Stockwerke unterteilt werden, scheinen einen gemeinsamen Zweck zu haben, zusammen mit den duftenden Gewächsen im Erdgeschoss.

12.

East River auf Höhe der 42nd Street

U THANT ISLAND

Manhattans kleinste Insel und ehemalige souveräne Nation

Mitten im East River, etwa auf Höhe der 42nd Street, erhebt sich ein kleiner Hügel mit einem Navigationsturm aus Metall. Mit nicht einmal einem halben Hektar ist U Thant die kleinste Insel Manhattans, aber historisch sehr interessant.

Die Insel begann als Granitfelsen mit dem Namen Man o'War Reef. Sie war einst Schauplatz eines typischen New Yorker Abenteuers: In den 1930er-Jahren musste sich eine Gruppe von Teenagern, die von Manhattan aus über den Fluss schwimmen wollte, aufgrund der Strömung auf den Fels retten, der mit steigender Flut zu verschwinden begann. Ein Dramaturg, der das Unglück aus seiner Wohnung durch ein Fernglas beobachtete, rief die Behörden an, und alle Jungs, die mittlerweile 30 cm tief im Wasser standen, wurden gerettet.

Als unter dem Fluss der erste Tunnel zwischen Manhattan und Queens gegraben wurde, um eine Straßenbahnlinie zur Arbeitersiedlung von Steinway & Söhne einzurichten (siehe Seite 388), wurde das Aushubmaterial auf dem Felsen deponiert, um daraus eine Insel zu machen. Außerdem hob man einen 30 Meter langen Schacht aus, um den Aushub von der Flussmitte aus zu beiden Ufern hin verteilen zu können. Die meisten Leute kommen U Thant Island nur im Tunnel recht nah: Die Linie 7 fährt direkt unter ihr durch.

Sobald der Schacht zugeschüttet war, wurde die Insel von allen außer den Kormoranen, die dort nisten, vergessen. 1977 pachtete eine als Peace Meditation at the United Nations bekannte Gruppe die Insel von der Stadt, begrünte sie und benannte sie nach dem ehemaligen burmesischen Generalsekretär. Lange Zeit durfte nur diese Gruppe von UN-Mitarbeitern die Insel betreten.

Jetzt ist der Zutritt vollends verboten. Das ist dem wahrscheinlich kuriosesten Ereignis in der Geschichte der Insel zu verdanken. Im Sommer 2004, während des Parteitags der Republikaner, ruderte der Künstler Duke Riley im Morgengrauen zur Insel U Thant. Dort hisste er eine Fahne mit dem Abbild zweier Zitteraale und erklärte die Insel zur souveränen Nation. „Diese Landschaften ziehen mich magisch an", sagt Riley über die New Yorker Inseln. „Man befindet sich in einer der hochentwickeltsten Städte der Welt und dann gibt es diese kleinen unberührten, geheimen Orte."

Während die Küstenwache ihn verfolgte, fiel niemandem Rileys Fahne auf, die tagelang auf dem Navigationsturm flatterte.

Als er gefragt wird, wie sein kleiner Inselstaat heißen solle, hält der Künstler inne und lacht. „So weit bin ich ehrlich gesagt noch nicht."

0
200
400 m
N
UPPER
WEST SIDE
CENTRAL
PARK
WEST
SIDE
Hudson River
Henry Hudson Parkway
Riverside Park
Riverside Drive
West End Ave.
Broadway
Amsterdam Ave.
Columbus Ave.
Manhattan Ave.
Central Park West
Freedom Place
Riverside Boulevard
Dimaggio Highway
103 Street
96 Street
86 Street
79 Street
72 Street
66 Street-Lincoln Center
81 Street-Museum of Natural History
The Pool
97th St. Transverse
86th St. Transverse
65th St. Transverse
American Museum of Natural History
The Lake
Strawberry Fields
The Sheep Meadow
Baseball Fields
Lincoln Towers
Lincoln Center
1
2
3
4
5
6

DIE UPPER WEST SIDE (59TH–110TH)

01.

Linien 1 und 2/66 Street – Lincoln Center
Linien 1, A, C, B und D/59 Street – Columbus Circle

33 WEST 63RD STREET

Ein gestrandetes Wohnhaus

Auf der Upper West Side sticht am Fuße einer Wohnturmschlucht aus Glas und Ziegeln ein kleines Gebäude heraus. Die 33 West 63 Road hat nur fünf Stockwerke, ist mit grob behauenem Stein umrandet und mit schwarzen Feuerleitern aus Eisen bestückt, die sich im Zickzack über die Fassade ziehen. Es war früher eines von vielenWohnhäusern. Dort, wo angrenzende Gebäude abgetragen wurden, sind die Seitenmauern fensterlos. Hier stand einst eine ganze Wohnsiedlung, die Ende des 19. Jhdt. aus dem Boden schoss und sich mit dem Bau der IRT-U-Bahn-Linie 1904 allmählich ausdehnte.

Doch wieso steht die Nr. 33 hier ganz alleine? Hauptsächlich aus Bosheit. Der Besitzer, Jehiel R. Elyachar, wurde von einem ehemaligen Mieter des einsamen Wohnhauses als „ein kleiner, dürrer, gebeugter Zwerg" beschrieben. Er war mit Immobilien und Bauvorhaben so reich geworden – über 100 Millionen Dollar –, dass er sich der Lieblingsbeschäftigung reicher Geizhälse widmen konnte: Knausrig sein. Während er vor seinem Tod 1989 großzügig für jüdisch-amerikanische und israelische Einrichtungen spendete, wie z.B. Schulen und Altersheime, zählte Elyachar zu dem Typ Mensch, der am Ende von seinen eigenen Kindern verklagt wird. Als der Projektentwickler Paul Milstein verschiedene Objekte an der Ecke Broadway und 63rd Street aufkaufte, um einen Wohnturm mit Einkaufszentrum zu bauen, stimmte Elyachar einem Preis zu und kam dann mit ein paar Lockangeboten daher, die so teuflisch waren, dass Milstein langsam verstand, dass er nicht in einem einfachen Geschäftsschlamassel, sondern in einer Art bösem Spiel gefangen war. Er gab schließlich auf, baute seinen Turm mit L-förmigem Grundriss und ließ das gestrandete Wohnhaus dort, wo es war. Und noch immer ist.

SAN JUAN HILL: EIN GANZES VIERTEL VON DER LANDKARTE GELÖSCHT

Die Upper West Side zwischen der 65th und 59th Street auf Höhe der Amsterdam Avenue war einst eine der größten afroamerikanischen Gemeinden New Yorks. Unter dem Namen San Juan Hill bekannt, wurde sie in einem Bericht des Wohnungsamts 1940 als „schlimmster Slum in New York City" bezeichnet. Man siedelte 1.500 Familien um, als die Häuser abgerissen wurden, um das Lincoln Center zu bauen. Doch der Abriss wurde verschoben, um die düsteren Straßenszenen für die *West Side Story* drehen zu können.

33

02.

135 West 70th Street
Linien 1, 2 und 3 /72nd Street

DAS PYTHIAN

Der fantastische Bau eines vergessenen Ordens

Über dem Eingang des Pythian steht: „Wenn alle Menschen durch brüderliche Liebe vereint wären, wie schön wäre diese Welt." Darüber lässt sich schwer streiten. Doch was ausdruckslose Pharaos und babylonische Ungeheuer damit zu tun haben, ist fraglich. Dieses seltsame Gebäude ist das Werk des Architekten Thomas W. Lamb, der sich in den 1920er-Jahren mit den Entwürfen übertriebener Kinopaläste einen Namen machte (siehe Seite 328). Das Pythian entwarf er in derselben Alles-ist-möglich-Manier und ließ ein Sammelsurium an Antiquitäten herbeischaffen: fauchende Greifvögel, Stierherden, die riesige Urnen tragen, doppelköpfige Kapitelle und goldene Hieroglyphen. 1926 erbaut, diente das Gebäude als zentraler Treffpunkt für dje Logen der Knights of Pythias.

Die Knights of Pythias waren die erste amerikanische Bruderschaft, die per Gesetz eine Charta erhielt. Sie traten für Wohltätigkeit und „Weltfrieden" ein und können drei US-Präsidenten vorweisen, darunter Franklin D. Roosevelt. Als das Pythian gebaut wurde, boomte die Bruderschaft: Allein in New York gab es über 100 Logen. Dem Gründer des Ordens diente die griechische Sage der Reisenden Damon und Phintias als Inspiration. Der Tyrann von Syrakus verurteilte Phintias zum Tode. Damon stimmte tapfer zu, für seinen Freund einzuspringen, während Letzterer nach Hause ging, um seine Angelegenheiten zu ordnen. Falls Phintias nicht zurückkäme, sollte Damon an seiner Stelle hingerichtet werden. Das Beil war kurz davor, zu fallen, als Phintias keuchend auftauchte. Und der Tyrann war so beeindruckt, dass er beide Männer freiließ. Seither gelten die beiden als Symbol für selbstlose Freundschaft.

Das Pythian ist mit den auffälligsten bunten Terrakotta-Fliesen der Stadt verziert, und trotzdem kennt kaum jemand das Gebäude. Man kann die Lobby aus poliertem Stein, das Theater oder die verschiedenen Logensäle leider nicht mehr besichtigen. Seit 1983 sind im Pythian Eigentumswohnungen untergebracht.

Obwohl sie nicht mehr an dieser Adresse unterkommen, gibt es die Knights noch: über 2.000 Logen weltweit.

Als die Mitglieder des Ordens weniger wurden, vermieteten die Knights of Pythias einen Teil des Gebäudes an Decca Records, wo Bill Haley & His Comets 1954 ihren Top-40-Hit „Rock Around the Clock" aufnahmen.

IF FRATERNAL LOVE
HELD ALL MEN BOUND
HOW BEAUTIFUL
THIS WORLD WOULD
The Pythian

03.

256 West 71st Street
nycgovparks.org/parks/M282
Linien 1, 2 und 3/72nd Street

DER SEPTUAGESIMO UNO PARK

Der kleinste Park der fünf Bezirke

Der Central Park ist der größte Park Manhattans. Wie groß, zeigt folgende Tatsache: Vor ein paar Jahren fanden Forscher unter den Blättern eine Tausendfüßlerart, die der Wissenschaft vollkommen unbekannt war. Wenn Sie heimeligere Grünflächen bevorzugen, besuchen Sie drei Blocks weiter westlich auf der 71st Street den Septuagesimo Uno Park. Man ist schneller an dem Park vorbei, als man seinen Namen aussprechen kann (sein Name bedeutet „Einundsiebzig"). Mit 200 m² ist er der kleinste New Yorks.

Die Geschichte dieses kuriosen Fleckchens trifft den innersten Kern der New Yorker Stadtplanung. Damals, als der Norden noch mit Farmhäusern übersät war, setzte Bürgermeister DeWitt Clinton seinen Commissioners Plan von 1811 um und teilte die Insel oberhalb der 14th Street in das Raster aus Avenues (Nord nach Süd) und Querstraßen (Ost nach West), wie wir es heute kennen. Obwohl öffentliche Parks eingeplant wurden (auf der 53rd, 66th, 77th und 120th Street), war der Durchschnitts-New Yorker in den 1960er-Jahren aufgrund steigender Einwohnerzahlen und dicht gedrängter Gebäude kurz vor dem Durchdrehen.

Die Situation wurde von Bürgermeister John Lindsays Vest-Pocket-Park-Initiative etwas gelindert. Da schon überall Gebäude standen, konzentrierte man sich darauf, die Baulücken dazwischen zu behübschen. Der Septuagesimo Uno ist gerade einmal so breit wie ein Stadthaus und ist vielleicht der einzige Park mit einer Straßenadresse: 256 West 71st Street - die Adresse eines Hauses, das 1969 abgerissen wurde und deren kleine Grundfläche der Park jetzt einnimmt. Die City of New York Parks & Recreation-Schilder versperren bei geschlossenem Tor fast gänzlich die Sicht und die Verbote regen zum Schmunzeln an: „Darbietungen oder Versammlungen nur mit Genehmigung." „Das Blockieren der Parkeingänge ist verboten." (Es gibt nur einen, den man blockiert, sobald man das Schild liest.)

Mit seinen Holzbänken, den schmalen Beeten und einem einzigen Baum ist der Septuagesimo Uno gerade groß genug für Sie und einen Freund oder nur Sie und ein Buch. Es ist vielleicht alles, was Sie brauchen.

04.

368 West End Avenue
westendchurch.org
Linien 1 und 2/79th Street

DIE MÜHLSTEINE IN DER NIEDERLÄNDISCH-REFORMIERTEN STIFTSKIRCHE

Die ältesten Objekte aus dem kolonialen New York

Auf der West End Avenue Höhe 77th Street steht eine Backsteinkirche im flämischen Stil. Am Eingang zum Altarraum liegen drei große, runde, mit Eisen eingefasste Steine und einem Loch in der Mitte. Sie würden besser in eine Scheune passen, doch historisch gesehen sind sie einzigartig. Die Steine sind Mühlsteine und so ziemlich die ältesten Objekte, die aus dem kolonialen New York geblieben sind.

Die Stiftskirche im West End bewirbt die Steine kaum, da sie als Institution wenig beweisen muss. 1669 mit einer königlichen Charta der Briten gegründet, ist die Kirche das zweitälteste Unternehmen Amerikas. Doch die Mühlsteine sind nicht einfach Teil einer exzentrischen Ausstellung kolonialer Geräte: Sie sind die Essenz der alten Kirche. 1624 kamen niederländische Siedler nach New York (das sie New Amsterdam nannten). Ein Dokument besagt, dass zwei Jahre später ein François Molemaecker den Bau einer Pferdemühle mit einem großen Raum im Obergeschoß beantragte, der für Zusammenkünfte einer Kirchengemeinde dienen sollte. Standort war die Mill Lane. Ein Rest in der Länge eines Blocks ist noch zwischen der Stone und der William Street übrig. Belustigte Indianer kamen zum Gottesdienst und füllten den Raum mit Pfeifenrauch und Gelächter, als wollten sie den pingeligen Pfarrer Jonas Michelius absichtlich provozieren. „Was die Ureinwohner dieses Landes betrifft", schrieb er, „finde ich sie primitiv und wild, ohne Anstand, ja unzivilisiert und dumm wie Fahnenmasten, rundum bösartig und gottlos." Doch wie alle frühen Chronisten ist er überwältigt von der Schönheit und dem natürlichen Reichtum des ursprünglichen Manhattan.

Die Mühlsteine sind tatsächlich älter als New York oder irgendeine andere amerikanische Stadt. Sie wurden in Belgien gefertigt und kamen mit den ersten Siedlern ins Land. Die Kirchengemeinde versammelte sich bis 1633 in der Mühle. Dann übersiedelte sie in ein einfaches Gebäude auf der Broad Street (das es schon lange nicht mehr gibt). Der Standort der Mühle wurde von den Shearith Israel übernommen, der ältesten jüdischen Gemeinde New Yorks. Als die Gemeinde in die nördlicher gelegene 70th Street zog, grub sie die alten Steine aus, behielt zwei (zu sehen in der Synagoge) und übergab vier an die Stiftskirche. Einer ist in die Gassenmauer der angrenzenden Stiftsschule integriert. Drei blieben im Vorraum der Kirche.

05.

Riverside Drive auf Höhe 93rd Street
Linien 1, 2 und 3/96th Street

DIE JEANNE-D'ARC-INSEL

Die Jungfrau in Manhattan

Es gibt in New York wirklich einen Ort mit dem charmanten Namen *Joan of Arc Island* („Jeanne-d'Arc-Insel"). Doch es ist kein bewaldeter Zufluchtsort, an dem halbwüchsige Mädchen mit Schwertern herumrennen. Es ist eine Verkehrsinsel, die einen kleinen, von einem Bordstein eingerahmten Platz einnimmt. Hauptattraktion ist eine Reiterstatue der Jeanne d'Arc in der Mitte, die in einer Linie mit der 93rd Street steht. Die Heilige Johanna, die zum Himmel blickt.

Es gibt sehr viele Frauenstatuen in New York, doch sind sie großteils mythisch oder allegorisch: Die Statue der Jeanne d'Arc war die erste, die auf einer realen Frau basierte. Sie ist auch die einzige Statue der Stadt – und das scheint auf alle Orte zuzutreffen, an denen es Jeanne-d'Arc-Statuen gibt –, die eine Frau auf einem Pferd zeigt. Die Künstlerin Anna Hyatt Huntington, Tochter eines Zoologie-Professors und einer versierten Tierkünstlerin, begeisterte sich nach einem Studienaufenthalt in Paris für die junge Kämpferin. Entschlossen, ein Werk zu Ehren von Jeanne zu kreieren, besuchte Huntington die französischen Orte, die mit den wichtigsten Ereignissen ihrer Geschichte in Verbindung stehen. Damals gab es in Reims die Jeanne-d'Arc-Statue von Paul DuBois (sowie eine Kopie davon in Paris), die der Huntingtons mit dem gegen den Himmel gerichteten Blick sehr ähnelt. Doch die amerikanische Bildhauerin betonte vor allem das Schwert.

1910 schickte Huntington ein Gipsmodell von Jeanne in Originalgröße in den Pariser Salon, wo es lobend erwähnt wurde und auch sexistische Verwunderung hervorrief. Doch das Werk konnte Mitglieder einer Denkmalkommission in New York überzeugen, die sich dem Andenken des 500. Geburtstags der Heiligen widmete. Die Statue wurde drei Jahre später (1915) auf der 93rd Street enthüllt. Die Verzögerung ermöglichte ein Detail, das dieses Werk wahrhaft einzigartig macht. Der Sockel enthält Steine aus einem Turm in Rouen, in dem Jeanne gefangen gehalten wurde, sowie Reste der Kathedrale von Reims, in der Karl VII. dank ihr gekrönt wurde. Steine der großen historischen Bauten Frankreichs waren 1915 leider in Hülle und Fülle zu haben: Die Deutschen hatten ein Jahr zuvor mit ihren Bombardements begonnen.

WEITERE RESTE DER ZERBOMBTEN KATHEDRALE VON REIMS

Die Corpus-Christi-Kirche auf der West 121st Street Ecke Broadway besitzt ebenso Fragmente der zerbombten Kathedrale von Reims: das Buntglas in den Fenstern der Apsis.

06.

319 West 107th Street
roerich.org
Linie 1/110th Street

DAS NICHOLAS ROERICH MUSEUM

Stadthaus für einen Mystiker

Das *brownstone*-Stadthaus auf 319 West 107th ist eine Hommage an den russischen Mystiker und Maler Nicolas Roerich.
An der Tür findet man eine bescheidene Tafel und eine Glocke. Im Eingangsbereich wartet vielleicht niemand. Sie hören möglicherweise jemanden auf dem Klavier im zweiten Stock spielen, oder treffen auf der Holztreppe einen stummen Besucher – doch wahrscheinlich haben Sie das Haus ganz für sich.
Intimität ist das Markenzeichen dieses kleinen Museums, das vom verstorbenen Direktor Daniel Entin gefördert wurde („Machen Sie, was Sie möchten, und bleiben Sie, solange Sie wollen"). Entin war ein bescheidener, weißbärtiger Mann mit einem Leuchten in den Augen, das versteckte Energien vermuten ließ. Er wohnte im Erdgeschoss des Museums, das er vier Jahrzehnte leitete. Wenn sie es wünschten, lud er die Gäste zum Plaudern an den Küchentisch ein und erzählte, was er über Nicholas Roerich wusste, also so ziemlich alles. „Roerichs Malerei ist jene Art von Kunst, die einen bestimmten Menschenschlag berührt", sagte Entin. „Da ist etwas, was diese Leute fasziniert. Andere bleiben unbeeindruckt."
Hier sind über 200 Werke von Roerich ausgestellt, doch sein künstlerisches Talent ist nebensächlich: Das Museum ist weniger eine Kunstsammlung als ein spirituelles Zentrum. Nicholas Roerich begann 1910, sich für fernöstliche Philosophie zu interessieren, als er in St. Petersburg beim Entwurf des ersten tibetischen Tempels außerhalb Asiens mithalf. Sein Leben war danach von zwei Interessen geprägt: dem Buddhismus und der Einheit der Menschen durch die Künste. Er hatte in Russland bereits Anhänger, als die Revolution ihn zwang, in die Staaten zu gehen. Nachdem ihm viele der Gebäude zu klein wurden, ließ er einen großen Komplex an der Ecke Riverside und West 103rd mit Schulen für jeden Kunstzweig, Lehrer- und Studentenunterkünften sowie Ausstellungsräumen errichten. Das Gebäude gibt es noch, doch die Schule überlebte die Wirtschaftskrise nicht. Kurz nach dem Tod des Malers 1947 wurde das Nicholas-Roerich-Museum auf der nahegelegenen West 107th Street eröffnet.
Die Gemälde, farbintensive Allegorien und Landschaften, die Roerichs Expeditionen nach Tibet reflektieren, bedecken die Wände des eleganten *brownstone* Stadthauses. Es kommen Bewunderer von weither, auf der Suche nach einer spirituellen Verbindung. Doch am meisten freute sich Entin über Laufkundschaft. „Viele gehen nach 3 Minuten wieder. Dann wieder kommt jemand und bricht in Tränen aus."

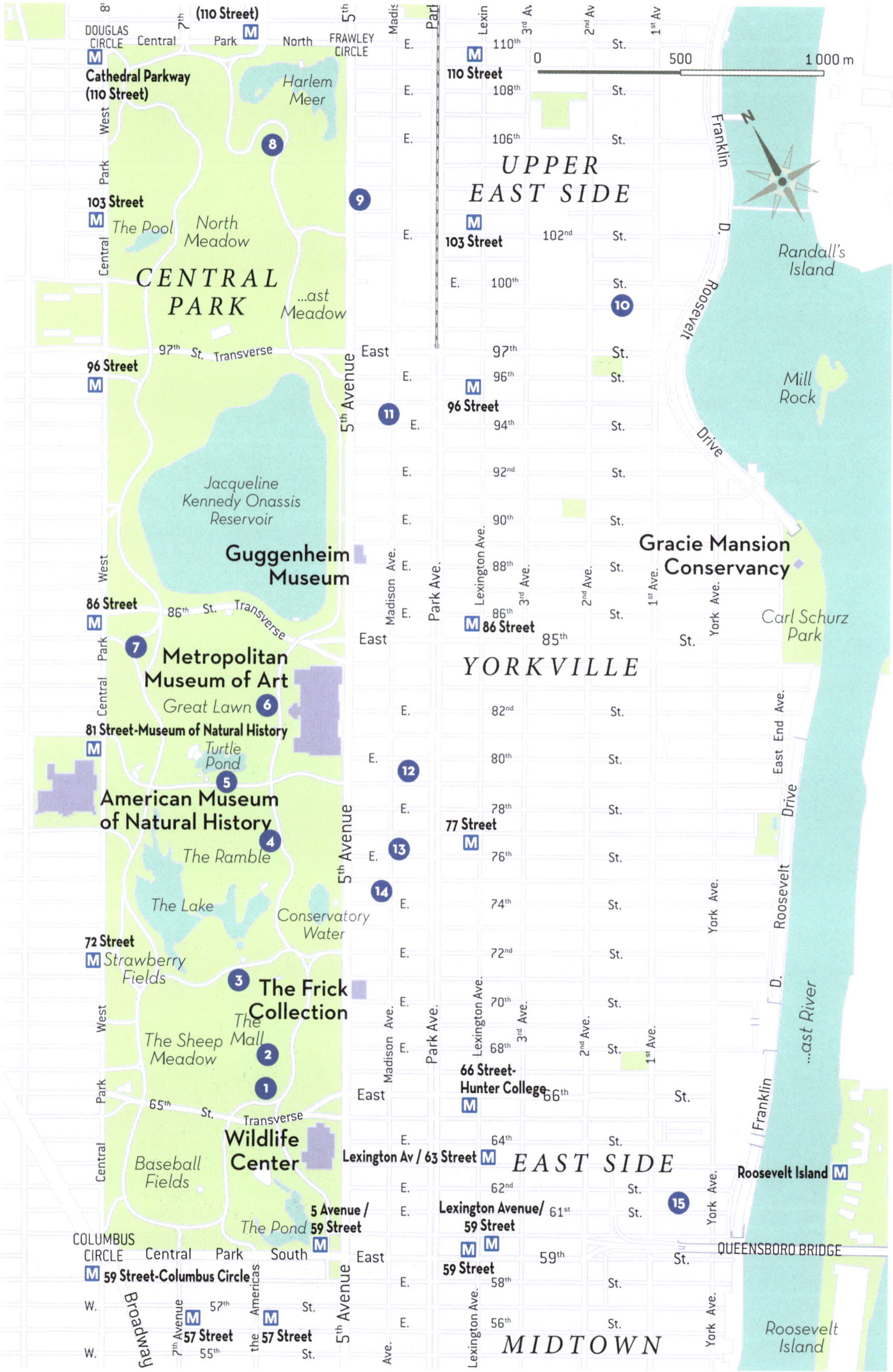
(110 Street)
DOUGLAS CIRCLE
Central Park North
FRAWLEY CIRCLE
Cathedral Parkway (110 Street)
110 Street
Harlem Meer
UPPER EAST SIDE
0
500
1 000 m
Franklin D. Roosevelt Drive
Randall's Island
103 Street
The Pool
North Meadow
CENTRAL PARK
...ast Meadow
102nd St.
100th St.
97th St. Transverse
96 Street
5th Avenue
96 Street
Mill Rock
Jacqueline Kennedy Onassis Reservoir
Guggenheim Museum
Gracie Mansion Conservancy
86 Street
86th St. Transverse
86 Street
Carl Schurz Park
Madison Ave.
Park Ave.
Lexington Ave.
3rd Ave.
2nd Ave.
1st Ave.
York Ave.
YORKVILLE
Metropolitan Museum of Art
Great Lawn
81 Street-Museum of Natural History
Turtle Pond
American Museum of Natural History
The Ramble
77 Street
East End Ave.
The Lake
Conservatory Water
72 Street
Strawberry Fields
The Frick Collection
The Sheep Meadow
The Mall
66 Street-Hunter College
Central Park West
65th St. Transverse
Wildlife Center
Baseball Fields
Lexington Av / 63 Street
EAST SIDE
Roosevelt Island
...ast River
5 Avenue / 59 Street
The Pond
Lexington Avenue/ 59 Street
59 Street
COLUMBUS CIRCLE
Central Park South
59 Street-Columbus Circle
QUEENSBORO BRIDGE
Broadway
7th Avenue
57 Street
Americas
57 Street
MIDTOWN
Roosevelt Island

UPPER EAST SIDE UND CENTRAL PARK

01.

Central Park
Shakespeare befindet sich am oberen Ende der Mall (wo der East Drive in den Center Drive übergeht, etwa auf Höhe der 66th Street), und der indianische Jäger steht 90 Meter weiter westlich (Richtung Sheep Meadow)

PHRENOLOGIE IM CENTRAL PARK

Intelligent – unbedarft: Shakespeare und der indianische Jäger im Vergleich

Zwei Statuen am Eingang zur Central Park Mall – Shakespeare und ein Indianer – dienen als Beispiel für eine der verrückteren Theorien der Geschichte. Die Phrenologie, eine „Wissenschaft“, die den Charakter eines Menschen anhand seiner Schädelform bestimmt, war Mitte des 19. Jhdt. in New York sehr populär. Dieses Konzept machte zwei findige Scharlatane, die Fowler-Brüder, reich, die in ihrem Büro an der Nassau Street Beratungen und Vorträge anboten und Bücher sowie Zeitschriften veröffentlichten. Sowohl Edgar Allan Poe als auch Walt Whitman (dem sie aufgrund seines unebenen Schädels eine „Neigung zu sinnlichen Vergnügungen“ nachsagten) gehörten zu ihren Anhängern. Der damals einflussreichste New Yorker, William Cullen Bryant, war von der Phrenologie so beeindruckt, dass er sie in seine Rede, die er im Frühling 1872 bei der Enthüllung des Shakespeare-Denkmals von John Quincy Adams Ward hielt, einbaute. „Die Phrenologen unserer Zeit“, sagte Bryant, während die Menge die neue Bronzestatue bewunderte, „sehen die sichtbaren Zeichen seiner unbändigen Fantasie, sein Mitgefühl, seinen Idealismus, Verstand und Humor …“ Bryant, der Namensgeber des Bryant Park, war Dichter, Journalist und Verleger sowie Anwalt für öffentliche Wohlfahrt. Dass dieser vernünftige und gebildete Mann ebenfalls glaubte, dass Shakespeares Genie an seinem „noblen Gesicht“ abzulesen sei, zeigt, wie fest verankert diese Pseudowissenschaft war. Während Bryants Rede übte sich eine andere Statue desselben Bildhauers, nur ein Stück weiter westlich, im Anschleichen. Der indianische Jäger wurde nach Skizzen des Künstlers, die er bei den Dakotas gemacht hatte, entworfen und als authentisches Beispiel für die „Physiognomie der Ureinwohner“ gelobt. Der Unterschied zu Shakespeares glattem, eiförmigem Kopf könnte nicht größer sein. Der Haaransatz des Indianers sitzt sehr tief, als ob er einen buschigen Kopfschmuck tragen würde. Heute untersuchen wir die Stirn anderer eher selten auf Zeichen von Talent, doch die Phrenologie hat in der englischen Sprache ihre Spuren hinterlassen. Die beiden Statuen sind Sinnbild für den Ursprung der Begriffe *high brow* – die hohe Stirn, die für Intelligenz steht – und *low brow*, die niedrige Stirn, die das Gegenteil bedeutet. Das ist das Erbe dieser verrückten Marotte von einst.

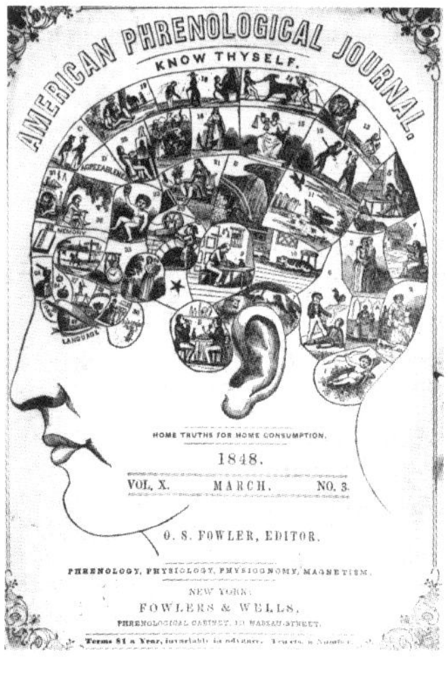

02.

The Mall (Beginn, wo der East Drive in den Center Drive übergeht, etwa auf Höhe der 66th Street, Ende an der Bethesda Terrace)

DIE ULMEN IM CENTRAL PARK

Die bestgepflegten Bäume der Welt

Im Central Park gibt es mehr als 25.000 Bäume und etwa 150 verschiedene Baumarten. Jene, die die Mall säumen – den breiten geraden Weg zur Bethesda Terrace –, sind amerikanische Ulmen (*Ulmus americana*). Ihr Blätterdach ist eine der beliebtesten New-York-Ansichten und scheint eine fixe Größe zu sein wie das Empire State Building oder die Brooklyn Bridge. Doch diese Ulmen bedürfen ständiger Aufmerksamkeit: Denn über ihnen schwebt schon seit jeher der Schatten des Todes.

Die Mall sollte die Antwort des Central Parks auf die Alleen der Barockgärten Frankreichs sein. Die Gerade bildet die Ausnahme im Entwurf der Parkarchitekten Frederick Law Olmsted und Calvert Vaux, der sonst auf Schleifen und Kurven setzt. Die Bäume entlang der Mall sollten amerikanische Ulmen sein – laut Parkverwaltung die Wahl für „fast jede Hauptstraße und jeden Uni-Campus des Landes im 19. Jhdt.". Die Erde war für die Bäume ungeeignet und der Auftragnehmer gelobte, auf sein Honorar zu verzichten, sollten die Bäume die ersten drei Jahre nicht überleben (eine Geste, die heute wie ein Omen erscheint). Ein Jahr später waren fast alle tot. Man setzte danach weitere, kleinere Ulmen, die bis Anfang des 19. Jhdt. überlebten, aber dann ebenfalls nach und nach abstarben.

Die meisten Ulmen, die heute auf der Mall stehen, wurden um 1920 gepflanzt. Zur selben Zeit entdeckte ein Biologe in Holland einen durch Käfer übertragenen Pilz (die holländische Ulmenkrankheit). Er schaffte es bald über den Atlantik und wütete unter den Schattenbäumen der unzähligen Hauptstraßen und Uniareale. Die meisten amerikanischen Ulmen in New York sind tot. Für viele gelten die Bäume auf der Central Park Mall als der weltweit größte noch intakte Bestand.

Niemand ist sich dieser Verantwortung stärker bewusst als Neil Calvanese, Vice President for Operations der Central Park Conservancy (Initiative zur Erhaltung des Central Park). „Käfer kann man bekämpfen", sagt er. „Einen Pilz bekommt man in den Griff. Aber ein von Käfern übertragener Pilz? Er ist ein Ulmenkiller." Als die Conservacy 1998 die Verwaltung des Parks übernahm, erhielten die Ulmen eine besondere Prioriät. Sie werden akribisch auf Krankheitsanzeichen untersucht, Äste werden aufwändigst geprüft, ganze Bäume werden herausgerissen, um eine Ausbreitung zu verhindern. Calvanese schätzt, dass die Kosten für den Schutz der Ulmen in die Millionen Dollar gehen.

Sie sind womöglich die bestgepflegten Bäume der Welt.

03.

Central Park
Auf der Bethesda Terrace am oberen Ende der zentralen Treppe

DIE HEXE AUF DER BETHESDA TERRACE

Das Leben in der Nacht

Das Auge genießt den Gesamteindruck der Anlage – den Brunnen, den See, die Boote, den Wald – so sehr, dass die feinen Details oft übersehen werden.

Die gesamte Terrasse ist mit einzigartigen Skulpturen übersät und umfasst, laut frühen Beschreibungen des Central Parks, die umfangreichste öffentliche Bildhauerarbeit Amerikas. Die Arbeiten sind teils abstrakt, teils figürlich, und oft vereinen sie beide Aspekte. Das kurioseste Detail ist das geniale Tableau auf einem der zwei großen Steinpfeiler am oberen Ende der Treppe: eine fliegende Hexe, ein Irrlicht und eine Mondsichel.

Erschaffen wurde es von Jacob Wrey Mould, einem englischen Einwanderer und einer Art verrücktem Zauberer. 1868, als der Park fast fertig war, nannte ihn die britische Zeitschrift *The Builder* „brillant, versiert, genial, unberechenbar".

Das ist eine passende Beschreibung für jemanden, der, nachdem er weiter unten auf der Terrasse bezaubernde Arabesken und jede Menge Vögel aus dem Stein gezaubert hat, das Ganze mit einer Hexe abschließt. Doch dahinter steckt Methode. „Er hat Freude an der Kunst und es fällt ihm leichter, jedes Mal etwas ganz Neues zu kreieren, als etwas zu kopieren, das er bereits gemacht hat", gurrte Clarence Cook in einer seiner ersten Beschreibungen des Parks. Sieht man sich die Motive auf den Pfeilern und die Medaillons auf der Balustrade an, versteht man, was Cook meinte. Für die ineinander verlaufenden Muster nahm Mould die islamische Kunst zum Vorbild, die er fachmännisch beherrschte. Die Balustraden, mit dem Gewirr an Vögeln und Pflanzen, stellen die vier Jahreszeiten dar. Darüber stehen auf der anderen Seite des Fahrwegs (nach den Parkarchitekten Olmsted & Vaux Way benannt) zwei Steinpfeiler: Die Hexe fliegt auf der Westseite des Westpfeilers.

Westen, weil hier die Sonne untergeht. Die gemeißelten Szenen stellen die verschiedenen Tagesabschnitte dar: Das thematische Gegenteil der Hexe (Ostseite des Ostpfeilers) zeigt einen Sonnenaufgang über dem Meer. Manche vermuten, dass Mould mit der Hexe und dem Kürbisgesicht (Irrlicht), den Symbolen für Halloween, die Iren, die diese Tradtion einführten, entweder kränken oder ehren wollte. Doch es kann genauso gut sein, dass er sich einfach einen cleveren Spaß erlaubte. Wie soll man die Nacht darstellen, einen Tagesabschnitt, der praktisch unsichtbar ist?

Für D.H. Lawrence standen die Vögel für das Leben der Lüfte und die Hexe für das Leben in der Nacht.

04.

Central Park - Auf der Ramble etwa auf Höhe 76th Street; vom Loeb Boathouse den East Drive nach Norden gehen, beim bronzenen Panther links abbiegen und fünfzig Schritte nach Westen gehen

DIE GEWEIHBÄUME

Mastodon-Nahrung im Central Park

Im Central Park gibt es ein paar sehr seltsame Bäume. Sie sind hochgiftig: Sogar Insekten halten sich von ihnen fern. Die harten Samenkapseln hängen bis tief in den Winter unberührt an den kahlen Ästen. Und die, die herunterfallen, werden praktisch von jedem Lebewesen ignoriert, mit Ausnahme der Paläontologen. Wie etwa Carl Mehling vom American Museum of Natural History: „Wer interessiert sich schon für so ein Ding?", fragt er und hebt einen Klumpen auf, der wie dunkles Glas aussieht. Er kennt die Antwort: ein Mastodon.

Die Fähigkeit der Samenverbreitung ist für jede Pflanze lebensnotwendig. Einige Samen haben fasrige Flügel, einige nutzen die Vergesslichkeit hamsternder Eichhörnchen, viele fühlen sich im Kot am wohlsten. In einem 1982 erschienenen Artikel behandelten der Biologe Daniel Janzen und der Geowissenschaftler Paul Martin ein ökologisches Rätsel: Warum verrotten die Früchte einiger Bäume unberührt, und warum sind ihre Schalen zu hart oder ihre Samen zu groß, um von Tieren gefressen zu werden? Man dachte, dass Pflanzen mit ineffizienter Verbreitungstechnik schwach entwickelt seien. Doch Janzen und Martin behaupteten, dass die Tiere, für die sie attraktiv wären – Mastodons, Riesenfaultiere – schon vor 12.000 Jahren ausgestorben waren.

Das Buch zu dieser These, *The Ghosts of Evolution* (Connie Barlow), zählt den Kentucky-Geweihbaum zur winzigen Kategorie der „extremen Anachronismen" – Pflanzen, die in ihrem aktuellen Lebensraum wenig Sinn machen. Seit dem Ende des Pleistozens überleben sie nur aufgrund von Überschwemmungen und Zufällen. Im Gras findet Mehling eine Samenkapsel und bricht sie auf. Im Inneren glänzen die Samen in klebriger Pampe, die wie grüner Kautschuk aussieht. „So gut", sagt er und nimmt einen tiefen Atemzug. „Wie Schokolade und Bananen." Jetzt wissen Sie, was Mastodons mögen. Um die glasartigen Samen zum Keimen zu bringen, muss man sie „beschädigen", wie es die Zähne und Magensäfte der gierigen Megafauna des Pleistozens getan hätten, erklärt Mehling. Sonst taugen sie nur zum Murmelspielen.

Doch nur weil dekorative Mastodon-Nahrung im Central Park wächst, heißt das, dass es diese Tiere auch in Manhattan gegeben hat? „Ecke Broadway und Dyckman", sagt Mehling zurück im Fossiliensaal des Museums. Er zeigt auf einen braunen Unterkieferknochen, groß wie eine Servierplatte. Fossilien von etwa einem Dutzend Mastodons wurden in New York City gefunden, zwei davon in Manhattan. „Schauen Sie sich diese Zähne an", rät Mehling. Jeder hat tiefe Kerben und ist größer als eine Faust.

05.

Central Park
79th Street Transverse, vor dem Belvedere Castle

DIE QUERUNG DURCH DEN FELSTUNNEL

Ein Wunderwerk neu betrachtet

Man legte viel Wert auf die „Natürlichkeit" des Central Parks. Doch ein Aspekt dieses planerischen Glanzstücks wird heute selten erwähnt: der Fußgänger- und Fahrzeug-(auch Pferde-)verkehr im und durch den Park. Wie fügt man eine 3,5 km² große Grünfläche mitten in eine wachsende Metropole ein? Es war kompliziert, und das Areal auf Höhe des Belvedere Castle, ein Schieferfelsen mit dem Namen Vista Rock, war eine besonders harte Nuss. Die Planer des Central Parks Frederick Law Olmsted und Calvert Vaux verdankten den Erfolg ihres Entwurfs wahrscheinlich ihrem kreativen Lösungsansatz, die Querstraßen abzusenken. Man kann den Park in seiner ganzen Länge durchqueren (empfehlenswert) und bemerkt nie, dass darunter große städtische Verkehrsadern durchfließen. Die ersten Besucher in den 1860er-Jahren bewunderten das System der Wege und Querstraßen auf verschiedenen Ebenen: Querverkehr direkt unterhalb oder oberhalb vorbeiziehen zu sehen, war etwas komplett Neues.

Für uns ist der Stadtverkehr mit Autos, Autobahnen und Auffahrten auf mehreren Ebenen heute alltäglich. Doch es gibt eine Stelle im Park, an der man diese bauliche Herausforderung der 1850er-Jahre mit neuen Augen betrachten kann. Nehmen Sie den Fußweg zum Vista Rock, der etwa 45 Meter östlich des Schlosses nach rechts abzweigt und ins Leere zu führen scheint, und gehen Sie die Steintreppen hinunter. Dort gelangen Sie zur 79th-Street-Kreuzung mit mehr oder weniger konstantem Auto- und Busverkehr. Olmsted und Vaux sahen diesen Stau voraus, doch in ihrer Vorstellung wurde er von „Kohlenkarren, Metzgerwagen, Staub- und Mistwagen" verursacht. Sie werden es vielleicht nicht glauben, doch hier unterhalb des Felsvorsprungs zu stehen und den in das Gestein gesprengten Tunnel zu bewundern, war eine Lieblingsbeschäftigung der ersten Parkbesucher. 1869 schrieb Clarence Cook über den Tunnel, dem er aufgrund seiner Modernität misstraute: „Nach eingehender Untersuchung befand man die Decke für einwandfrei und solide." Den gesprengten Felsen zu bewundern, war so beliebt, dass einige Jahre nach der Fertigstellung des Parks diese nette Steintreppe gebaut wurde.

Der Tunnel wurde mit Schießpulver gesprengt. Das Dynamit war damals noch nicht erfunden.

12'-0"
11'-0"

06.

Central Park
Auf der Westseite des East Drive, etwa auf Höhe der 83rd Street, hinter dem Metropolitan Museum of Art
nycgovparks.org/parks/centralpark/highlights/11942

DIE GRANITSTATUE VON ALEXANDER HAMILTON

Ein Andenken an das Große Feuer

Feuer war für New York schon immer eine Gefahr, besonders, bevor die Stadt 1842 ihr erstes Wasserverteilungssystem einrichtete (siehe Seite 68). Für die großen Brände der Vergangenheit gibt es keine Denkmäler, nur Verluste. Zwei aufeinanderfolgende Brände im 19. Jhdt. löschten im Zentrum die letzten Spuren der holländischen Ära aus, und dem Großen Feuer von 1835 fielen mehr Häuser zum Opfer als bei jeder anderen Katastrophe in der Stadt. Die Statue von Alexander Hamilton im Central Park ist zwar kein Branddenkmal, aber ein kurioses Andenken daran.

Das große Feuer begann mit einer Gasexplosion in einem Warenhaus auf der heutigen Beaver Street. Es war eine kalte Dezembernacht: Starke Windböen ließen das Feuer bald auf die umliegenden Gebäude übergreifen, während Helfer mit Eimern und freiwillige Feuerwehrleute versuchten, durch die Eisschicht in den Brunnen zum Wasser zu gelangen, das dann in den Schläuchen gefror oder in Form von Eissplittern zurückgeworfen wurde. Die Feuersbrunst breitete sich bald auf die Handelsbörse an der Wall Street aus. Darin befand sich die erste in den USA gefertige Marmorstatue: ein 4 Meter hoher Alexander Hamilton von Bildhauer Robert Ball Hughes. Das Denkmal, als schönste Statue im Land gefeiert, zeigte Hamilton im Kolonialstil gekleidet und stand in der großen Rotunde der Börse. Den Flammen ausweichend versuchte ein Trupp Matrosen die Statue zu retten. Sie schafften es, sie vom Sockel zu heben und kämpften sich damit Richtung Ausgang vor, als das Dach einstürzte und die Männer um ihr Leben rannten. Einem späteren Bericht zufolge „betrachtete der Künstler die Szene mit teilnahmsloser Verzweiflung, und als sein geniales Werk, an dem er zwei lange Jahre gearbeitet hatte, unter den Ruinen begraben wurde, schluchzte und weinte er wie ein Kind“. Ein Modell des Werks ist im Museum der Stadt New York zu sehen. Die Statue, die heute im Central Park steht, ist von Carl Conrad und wurde von Alexander Hamiltons jüngstem Sohn, Church Hamilton, in Auftrag gegeben. Sie ist aus einem Material, das nicht oft für Porträtstatuen verwendet wird: Granit. Man sagt, John Church habe den robusten Stein gewählt, damit das Denkmal seines Vaters alle Katastrophen, die zukünftig auf die Stadt zukommen sollten, überleben würde.

HAMILTON

07.

Central Park
Der Grundriss des Dorfes lag zwischen der 81st und 89th Street sowie zwischen der alten Seventh und Eighth Avenue; Fundamente findet man etwa 45 Meter östlich des Spielplatzes beim Eingang auf der 85th Street

SENECA

Ein verschwundenes Dorf

In der *Times* vom 9. Juli 1856 steht: John Humphries wurde wegen Körperverletzung festgenommen (zwei Messerstiche); auf der Franklin Street wurde ein neues Feuerwehrauto getestet; Mr. George Armstrong ertrank bei einem Angelausflug und Ende des Monats würde eine ganze Gemeinde das Gebiet westlich des alten Wasserspeichers räumen müssen. „Innerhalb des Central Parks liegt eine hübsche, kleine Siedlung, die als ‚Nigger Village' bekannt ist", heißt es im Artikel. [...] Es ist zu hoffen, dass die Umsiedlung so behutsam wie möglich erfolgt."

Der richtige Name des Dorfes war Seneca. Der letzte noch sichtbare Rest ist die Ecke eines Fundaments auf Höhe der 85th Street gegenüber dem Spielplatz. Seneca war dem Vernehmen nach außergewöhnlich. Sogar der *Times*-Artikel ist darauf bedacht, zu betonen, wie sehr es sich von den jämmerlichen Hütten der Iren („gemeinsam mit Schweinen und Ziegen") weiter südlich unterschied. 1825 gegründet, gab es im Dorf drei Kirchen, Holzhäuser auf zugewiesenen Parzellen, eine natürliche Quelle, Kellerschulen und 260 großteils afroamerikanische Einwohner. Weit entfernt von einem Ghetto, war es eine ländliche Oase inmitten des Chaos, der Seuchen und der Bigotterie des Stadtzentrums. Hier besaßen schwarze Einwohner auch das, was sie per Gesetz benötigten, um wählen zu können: eigenen Grundbesitz.

1853 erließ die Stadt ein Gesetz, das die Übernahme des Landstreifens in Manhattan erlaubte, der für den Central Park bestimmt war. Die Grundbesitzer in Seneca wurden ausgezahlt und die Siedlung wurde zerstört. Im Sommer 2011 gruben Archäologen der Columbia University in diesem Gebiet und fanden Gegenstände des täglichen Lebens: Geschirr, Töpfe, einen Kinderschuh. Ashley Anderson, eine Erzieherin, die bei den Ausgrabungen half, fand eine Gürtelschnalle. „Es gab auch andere vorrangig afroamerikanische Dörfer", sagt sie, „doch eine moderne Gemeinde und mittelständisch? Es war unglaublich." Sie gibt auch ein Detail preis, das man bei der Conservancy-Tour nicht erfährt: Das Fundament – wahrscheinlich alles, was von Seneca übrigblieb – ist nicht das einer Kirche, wie allgemein angenommen, sondern ein späterer Bau, der genau darüber errichtet wurde. Also, alles was es noch von Seneca gibt, ist eine Art architektonisches Echo und das, was noch unter der Erde liegt. Auf die Frage, wohin diese innovativen Afroamerikaner gegangen sind, schüttelt Anderson nur den Kopf. Niemand konnte das bis jetzt herausfinden.

08.

Central Park
Wenn Sie vom East Drive in den Central Park Driveway einbiegen (etwa auf Höhe der 104th Street), nehmen Sie den ersten nach Norden führenden Weg und folgen ihm ungefähr 55 Meter
nycgovparks.org/parks/central-park/monuments/638

DIE GEDENKBANK FÜR ANDREW HASWELL GREEN

Der Vater des Großraums New York

Am 1. Januar 1898 wachten die New Yorker in einer Stadt auf, die ihre Bevölkerungsgröße über Nacht auf 3,5 Millionen verdoppelt hatte und somit nach London nun die zweitgrößte der Welt war. Grund war der Zusammenschluss der Bezirke Manhattan, Bronx, Queens, Brooklyn und Staten Island, und der Mann hinter diesem Plan war ein gewisser Andrew Haswell Green. Im Norden des Central Parks steht auf einem Hügel, am Rande einer kleinen Lichtung, eine große Marmorbank. Sie ist Greens einziges Denkmal in New York. Sein Einfluss auf die Grenzen der Metropole brachte ihm den Beinamen „Vater des Großraums New York" ein und ist Grund genug, seiner zu gedenken. Doch sein Einfluss war weit größer. 1895, Generationen bevor sich die Stadt in den 1960er-Jahren schließlich mit ihren selbstzerstörerischen Kräften auseinandersetzte, gründete Green die American Scenic and Historic Preservation Society zum Schutz der Grünflächen in der Stadt. Er war während des Baus des Central Parks im Board of Commissioners und ist großteils dafür verantwortlich, dass der Park nicht vom meisterlichen Originalentwurf der Architekten Frederick Law Olmsted und Calvert Vaux abweicht. Green war auch maßgeblich an der Entstehung der öffentlichen Bücherei in New York beteiligt, die ohne ihn kein Leihsystem hätte.

Und da ist diese Marmorbank. Sie steht am wenig besuchten nördlichen Parkende. Man erreicht sie über einen schmalen Pfad, den sogar jene, die den Ort kennen, kaum wiederfinden. Im Sommer ist das Gras hier gelb, im Winter wird der Schnee nicht geräumt. Überall liegt Müll herum. Eine geräumige glatte Steinbank an einem einsamen Ort, von Bäumen umgeben: Hier könnte genausogut ein Schild mit der Aufschrift „Landstreicher willkommen" stehen. Wenn Sie meinen, Green hätte etwas Besseres verdient, dann ist die Art, wie seiner gedacht wird, im Vergleich zu seinem Tod mehr als freundlich. „Andrew H. Green ermordet", ist die Schlagzeile der *Times* vom 14. November 1903. Ein Mann namens Cornelius Williams verfolgte Green auf seinem Weg von der Arbeit nach Hause. Gerade als der 83-Jährige das Eisentor seines Hauses auf der 40th Street erreicht hatte, schoss er fünfmal auf ihn. „Er hat es verdient", sagte Williams bei seiner Anhörung. „Er zwang mich, es zu tun!"

Später stellte sich heraus, dass Green nicht nur nichts Falsches getan hatte, außerdem waren er und sein Mörder sich niemals begegnet. Cornelius Williams war verrückt.

IN HONOR OF ANDREW HASWELL GREEN

09.

Museum of the City of New York
1220 5th Avenue
mcny.org
Linien 4 und 6/103rd Street

DIE GEMÄLDE IM STETTHEIMER-PUPPENHAUS

Eine kleine, aber erlesene Sammlung

Eine seltene Version von Marcel Duchamps *Akt, eine Treppe herabsteigend* hängt im Stettheimer-Ballsaal. Mit Tinte, Wasserfarben und Bleistift gearbeitet und von Duchamp unten links signiert, stellt das Werk in seiner Energie und Kühnheit eines der größten Meisterwerke der Moderne dar. Für den vollen Genuss betreten Sie den Ballsaal von Norden her und arbeiten sich nach rechts vor, allerdings dürfen Sie nur 12 cm groß sein.

Das Gemälde ist eines von vielen in der ungewöhnlichsten Kunstsammlung New Yorks, dem Stettheimer Dollhouse, wo die briefmarkengroßen Gemälde und Zeichnungen keine Kopien, sondern Originale sind – echte Kunstwerke von berühmten Künstlern. Die Stettheimers – Carrie, die das Puppenhaus anfertigte, und ihre Schwestern Ettie und Florine – waren die Töchter eines reichen deutschen Bänkers, der sie verließ, als sie noch Kinder waren. Die Schwestern und ihre Mutter zogen jahrelang durch Europa, bevor sie sich in New York im noblen Alwyn Court auf der West 58th Street niederließen. Die Stettheimers waren provokant „modern“: Sie rauchten, lehnten Romanzen, Ehe und Kinder ab und hatten eine theatralische Schwäche für bunte Perücken, Diamanthalsbänder und venezianische Kostüme. Ihr Appartment wurde zum Treffpunkt für Künstler und Intellektuelle der New Yorker Avantgarde. Florine, Malerin, war die treibende Kraft; Ettie, Schriftstellerin, war die geistreiche Unterhalterin; Carrie die Gastgeberin und Miniaturkünstlerin. Sie war fast 50, als sie mit dem Puppenhaus begann, und fertigte viele der detaillierten Einrichtungsgegenstände von Hand an. Die Miniaturgemälde wurden von Künstlern, die den Salon frequentierten, beigesteuert. Der Ballsaal enthält unter anderem Werke von renommierten Modernisten wie Duchamp, Albert Gleizes und Alexander Archipenko sowie zwei Zeichnungen und eine 15 cm große Alabasterstatue von Gaston Lachaise.

Nach Carries Tod 1945 gab Ettie das Puppenhaus dem Museum. Florine Stettheimer vermutete, dass Carrie sich so auf das Puppenhaus fokussierte (insgesamt 30 Jahre), um ihre gescheiterten Ambitionen als Bühnenbildnerin zu sublimieren. Als Besucher vermutet man vielleicht, dass der Künstlersalon der Stettheimers eine kollektive Sublimierung dreier Frauen war, die in einer Art permanenter Kindheit gefangen waren. Wie auch immer, schon der *Akt, eine Treppe herabsteigend* lohnt einen Besuch.

10.

343 East 99th Street
Linie 6/96 Street

DAS MÜLLMUSEUM

Warum wirft man so etwas weg?

Das *Greatest-Hits*-Album von Billy Joel, das Sie aus gutem Grund 1995 weggeworfen haben, existiert noch irgendwo. Es schwimmt vielleicht im Meer, verrottet tief unter einer Deponie oder wird vom Winde verweht. Oder es hat Glück und liegt mit anderen unerwünschten Gegenständen in einer sauberen Kiste im Lager der Stadtreinigung auf der East 99th Street als eines von Tausenden „Schaustücken" im Müllmuseum.

Offiziell gibt es das Museum nicht und Sie werden es in keinem Stadtführer finden. Und das, was es enthält, ist eigentlich nicht zur Unterhaltung gedacht. Es ist eine umfassende Sammlung von Objekten, die, aus welchem Grund auch immer, Müllmänner dazu veranlasst haben, innezuhalten und sich zu fragen: Warum wirft man so etwas weg? Müllmänner sind in New York die letzte Instanz, wenn es sich um den Wert eines Objekts handelt, und manchmal lassen sie Gnade walten. Eine wirklich großartige Kompetenz. Ungeliebtes Spielzeug, alte technische Geräte, Poster in billigen Rahmen, Gemälde von Künstlern ohne Talent, kaputte Kuckucksuhren, Bowling-Pokale von Zweitplatzierten. Viele Objekte fallen in die dehnbare „völlig in Ordnung"-Kategorie: alte Bücher und Alben, Geschirr und Sportausrüstung. Andere sind ein skurriles Rätsel: ein echter Hund, groß und muskulös, ausgestopft wie eine Jagdtrophäe.

Wie bei den meisten großartigen Dingen, verdankt das Müllmuseum seine Existenz den Marotten eines einzigen Mannes. Nelson Molina begann 1981 damit, Gegenstände von der Straße mitzunehmen, um seinen Bereich im Umkleideraum zu dekorieren. Langsam wurden es immer mehr, da Kollegen ihre geretteten Dinge dazustellten. „Es kommt nicht darauf an, was es ist", erzählte Molina der *Times*. „Solange es cool ist, ich es aufhängen kann und es Platz dafür gibt."

Das Müllmuseum gibt Dingen Raum, denen Sie keinen geben würden. Man wird Sie wahrscheinlich nicht verjagen („Es ist nicht meine Aufgabe, Ihnen zu sagen, wo Sie hingehen können und wo nicht", sagt ein Arbeiter auf dem Gehweg davor), aber auch nicht ermutigen. Diese Kerle haben unseren kollektiven Sinn für Werte ausgestellt. Es ist ein Museum über uns, aber nicht für uns.

34

11.

Madison Avenue zwischen der 94th und 95th Street
Linien 4 und 6/96th Street

DAS ARSENAL DER A-KOMPANIE

Die Festung auf der Madison Avenue

Besucher, die zum ersten Mal auf der Upper East Side sind, freuen sich oft über eine scheinbar vollständig erhaltene mittelalterliche Festung auf der Madison Avenue. Zwei Backsteintürme mit Schießscharten, Türmchen und Zinnen. Heute befindet sich innerhalb der Mauern eine Schule: Werfen Sie dort, wo Sie die Zugbrücke vermuten würden, einen Blick hinein und Sie werden einen Spielplatz voll schreiender Kinder sehen.
Die Festung gehörte einst der A-Kompanie, den „New Yorker Husaren", einem elitären Gesellschaftsclub, der den Innenhof für berittene Kampfübungen nutzte. Mit dem Bau des Gebäudes wurde 1894 begonnen. Die Husaren, eigentlich für Auftritte und sportliche Zwecke gedacht, wurden 1889 zu einer Einheit der New York State National Guard und kämpften später im spanisch-amerikanischen Krieg und in beiden Weltkriegen. An der Wand hängt eine Bronzetafel mit ihrem Leitspruch: *BOUTEZ EN AVANT* („Vorwärts").
Das Ziegelgebäude ist im Stil eines „antiken Normannenschlosses", erbaut, könnte aber genauso gut Camelot sein. Von Zeit zu Zeit rankt sich sogar Efeu um die runden Ecktürme, als hätte ein penibler Kulissengestalter ihn dort angebracht. Wenn Sie die Ungereimtheiten einer Festung einem Taxi vorziehen, interessiert es Sie vielleicht, dass die Erker, die Türme und der ganze Rest fast dem Erdboden gleichgemacht wurden. Als das Arsenal der A-Kompanie in eine Schule umgewandelt wurde, hatte man vor, die Türme durch sechzehnstöckige moderne Bauten zu ersetzen. Doch die Stadt, die von der Zerstörung der Penn Station noch traumatisiert war (siehe Seite 126), stellte sie 1966 unter Denkmalschutz.

ISLAMISCHES KULTURZENTRUM

Drei Blocks weiter östlich befindet sich ein interessantes Gebäude, das das unbarmherzige Straßenraster auf ganz eigene Weise bezwingt. Die meisten Moscheen in New York sind einfach nach Osten ausgerichtet, Richtung Mekka. Doch wie schon erwähnt (siehe Seite 102, 130 und 164), passt sich das Raster Manhattans an die Neigung der Insel an. Die Planer des islamischen Kulturzentrums auf der Third Avenue 1711 wollten hinsichtlich der Himmelsrichtung des heiligsten Ortes im Islam auf Nummer sicher gehen und richteten ihre Moschee an der Geodäte mit Mekka – der kürzest möglichen Verbindung zwischen zwei Punkten auf einer Kugel – aus. Was auf der Landkarte gekrümmt aussieht, ist islamisch gesehen perfekt.

12.

52 East 80th Street
Linien 4, 5 und 6/77th oder 86th Street

DER ZIEGFELD-KOPF

Der letzte Rest eines legendären Theaters

Vielleicht ist es deshalb so schmerzhaft, Skulpturen nicht mehr benötigter Gebäude auf dem Müll landen zu sehen, weil wir sie so sehr mit der Antike verbinden. In New York wurde dieser Schmerz öfter provoziert als in den meisten amerikanischen Städten. Der Denkmalschutz nahm seinen Anfang, als ein Fotograf einen Steinengel der kurz davor abgerissenen Penn Station (siehe Seite 126) auf einer Mülldeponie in New Jersey entdeckte. Als das legendäre Ziegfeld-Theater ein paar Jahre darauf verkauft und zum Abriss freigegeben wurde, wehrten sich die New Yorker, doch die neu gegründete Denkmalschutzkommission konnte den Abbruch nicht aufhalten. Heute ist das Ziegfeld nur noch Staub, doch ein Stück hat überlebt. Es steht auf der East 80th Street, hinter einem Tor, beim Kellereingang eines Stadthauses – neben den Mülltonnen (ein dezenter Hinweis).

Vom Wiener Bühnenbildner und Architekten Joseph Urban entworfen, sollte das Ziegfeld-Theater weniger ein Gebäude als eine überirdische Erfahrung werden. „Im Gegensatz zu den meisten von uns, die Kunst nur in Bezug auf ihre Umgebung wahrnehmen", schrieb die *Times* zur Eröffnung des Theaters 1927, „ist Mr. Urban ein Schöpfer, der Träume wahr macht." Innen hatte das Theater die Form eines Eies, mit zur Bühne hin gekrümmten Wänden. Die Fassade war ein modernes Bühnenportal aus Kalkstein mit riesigen eingelassenen Säulen auf beiden Seiten, deren Rillen wie die Falten eines zugezogenen Vorhangs aussahen. Nachts durchfurchten helle Scheinwerfer das Gebäude und zeichneten verschwommene Muster auf die West 54th Street. Hoch über dem Eingang prangten stilisierte Masken von Komödie und Tragödie, geschwungen und gerillt wie Widderhörner. Darüber schwebten 3,5 Meter hohe Schutzgöttinnen mit hypnotisierenden Augen.

Die Wirtschaftskrise ruinierte das Broadway-Geschäft des Theaters. Nachdem man es in ein Kino und dann in ein Fernsehstudio umgewandelt hatte, schloss es 1966 schließlich seine Pforten und wurde verkauft, um einem seelenlosen Glas- und Stahlturm Platz zu machen. Kurz nach dem Verkauf fuhr Theaterproduzent Jerry Hammer mit dem Immobilienentwickler in einer Limousine am alten Steintheater vorbei, als dieser anmerkte, dass er es bald abreißen würde. Hammer meinte scherzend, dass er gerne eine der riesigen Wächterinnen hätte, wenn es so weit sei. Vier Monate später hörte er vor seinem Stadthaus auf der East 80th Street Lärm. „Da kam ein LKW mit einem Kran", erzählte Hammer der Times, „und einem Kopf und sie fragten mich, wo sie ihn hinstellen sollen." Und seit damals ist der Kopf nun hier.

52E80

13.

Carlyle Hotel
35 East 76th Street
thecarlyle.com
Linien 4 und 6/77th Street

DIE WANDMALEREIEN IN DER BEMELMANS BAR

Wandmalereien für freie Logis

Die Bemelmans Bar im Carlyle Hotel strahlt etwas Sanftes und Warmes aus, als ob der gesamte Raum mit Bernstein verkleidet wäre.

Die Bar selbst besteht aus poliertem, mit Leder eingefasstem Granit. Die Abdeckungen der Tische sind aus schwarzem Glas, die Blattgolddecke reflektiert matt das Licht. Doch irgendwann bemerkt man im Dämmerlicht die Wände bzw. die seltsamen Figuren darauf. Ein langbeiniges Känguru zum Beispiel, das mit einem Baby im Beutel an einem Café-Tisch sitzt. Eine Giraffe mit Nadelstreifenhose und Schnürschuhen (zwei Paar), die den Hut vor einem Passanten zieht. Ein Zigarren rauchender Hase. Seit 1947 ist die Bar ein Design-Highlight, einzigartig in New York: wo Alkohol und Kinderzeichnungen aufeinandertreffen.

Der Schöpfer der Malereien und Namensgeber der Bar ist Ludwig Bemelmans, ein österreichischer Schriftsteller und Künstler, der schon als Teenager nach New York kam. Jahrelang arbeitete Bemelmans als Hilfskraft im Ritz-Carlton Hotel. Er versteckte sich gerne hinter den Palmen im Speisesaal und skizzierte die Gäste auf den Rückseiten von Speisekarten. 1939 veröffentlichte er das erste einer Reihe von Büchern über das mutige französische Mädchen Madeline, die in einem Pariser Internat lebt. Sie machten ihn berühmt.

„Das Wandbild zeigt die vier Jahreszeiten im Central Park“, sagt Tommy, der Barkeeper, und deutet auf die Figuren an der Wand.

Tommy arbeitet seit einem halben Jahrhundert im Carlyle und beherrscht die Kunst des kurzen, respektvollen Small Talks. Während er die Geschichte erzählt, zieht er, ohne hinzusehen, Korken um Korken aus den Weinflaschen.

„Aber die vier Jahreszeiten mit Tieren anstelle von Menschen. Und in der Vergangenheit.“ Man erkennt einige Wahrzeichen: das Belvedere Castle, die Nadel der Kleopatra. Doch sie befinden sich in verwirrender Gesellschaft, wo Dackel Panamahüte tragen und Häschen riesige Schneehasen bauen. Warum alles so gut ankommt, ist ein Geheimnis. Bemelmans Zeichnungen sind nicht niedlich: Sie sind leger und stilvoll zugleich und machen auf ihre eigene Art Sinn.

Bemelmans liebte das Reisen und das Hotelleben. Anstatt Geld für die Wandmalereien zu verlangen, erbat er sich 18 Monate kostenlose Logis im Carlyle für sich und seine Familie aus. Es heißt auch, dass sie eigentlich schon im Hotel wohnten und Bemelmans anbot, die Malereien anzufertigen, weil er pleite war. „Na ja“, sagt Tommy, „ich bin seit 53 Jahren hier und das ist alles, was ich weiß.“

14.

942 Madison Avenue
Linien 4 und 6/77th Street

WOHNSTÄTTEN AUF DER MADISON AVENUE

Gemäuer für die kleinen Leute

Auf einem Fensterbrett im zweiten Stock des alten Mortgage & Trust Buildings, kann man eine Art Nest aus Ton erkennen: ein roter Hügel, auf dem ein rätselhaftes Gebilde thront. Ein Teleobjektiv zeigt, dass das Gebilde aus kleinen Ziegeln besteht und wie eine menschliche Behausung aussieht. Es könnte eine verlassene Siedlung der Südwest-Indianer sein – Hopi oder Zuni –, doch von welchen, die nur 2 cm groß sind.

Die Miniaturbauten sind das Werk des Künstlers Charles Simonds. „In den letzten drei Jahren habe ich in den Straßen New Yorks Wohnstätten für imaginäre kleine Leute gebaut, die durch die Stadt wandern", erzählte er 1972 in einem Film über seine Werke. „Jede Wohnstätte erzählt einen Teil der Geschichte dieser Leute." Die Behausung, die man von der Madison Avenue aussieht, ist eine von drei in der Umgebung. Eine weitere sitzt unter dem pyramidenförmigen Dach eines Schornsteins, der hinter dem Mortgage & Trust emporragt, und die dritte wird im Whitney Museum gleich gegenüber ausgestellt. Das Interesse des Museums macht Simonds zu einem der großen amerikanischen Künstler, doch das Projekt, das downtown seinen Anfang nahm, gehört eigentlich auf die Straße: Es beschäftigt sich mit drei Fragen – nach Sicherheit, Gemeinschaft und Veränderung. Das Integrieren der Tonbauten in Hausecken oder auf Bordsteinen erlaubte es Simonds, sich mit New York zu verbinden: draußen, vor den Augen der Leute. Im Film sieht man, wie er still Ziegel in der Größe eines Reiskorns mit der Pinzette aufnimmt, um winzige Mauern auf einem Betonfundament in der Lower East Side zu bauen, während Zuschauer versuchen, daraus schlau zu werden. „Wird er dafür bezahlt?", fragt jemand.

Simonds baute jede Behausung mit dem Hintergedanken, dass sie durch das Einwirken der Stadt schließlich zu Staub zerfallen würde: Ein Zufluchtsort weniger für die kleinen Leute. Das Werk auf der Madison, *Dwellings*, ist durch seine Höhe geschützt: Die Fensterbretter und Schornsteine gibt es hier seit 1981. Das Mortgage & Trust wird zurzeit vom Juwelier David Webb gemietet, und die Mitarbeiter haben vom Fenster ihrer kleinen Küche eine gute Sicht auf die Behausung – grobe, durch Stäbchen verstärkte Ziegelmauern. Die Verkäuferin Alma Continanzi genießt das Geheimnis. „In dieser großen Stadt gibt es diese kleine Ecke, von der niemand weiß", sagt sie.

15.

421 East 61st Street
mvhm.org
Linien N, R, 4, 5 oder 6/59th Street – Lexington Avenue
Linie F/Lexington Avenue

DAS MOUNT VERNON HOTEL MUSEUM

Ein letztes Aufflackern des ländlichen Manhattans

Es gibt in Manhattan einige wenige Häuser aus dem 18. und 19. Jhdt., die uns weit in die Geschichte zurückführen: das Dyckman Farmhouse, die Morris-Jumel Mansion und das Merchant's House. Sie alle haben knarrende Böden, einen Duft zwischen Politur und Staub und Tische beladen mit Lebensmitteln aus Wachs. Das Mount Vernon Hotel gehört auch dazu, mit einem Unterschied. „Architekturhistoriker stellten fest, dass wir das einzige verbliebene Gebäude sind, das als Tageshotel diente", sagt Carol, ein Guide.

Wenn Sie nicht wissen, was ein Tageshotel ist: „So etwas wie ein Country Club heute", erzählt Carol. „Country" trifft es gut: Obwohl es jetzt auf die brummende Queensboro Bridge blickt und im Schatten des bedrohlichen One Sutton Place North steht (ein 40-stöckiger Kasten aus schwarzem Glas, der „2001 Monolith" heißt), befand sich das Mount Vernon ca. vier Meilen vor der Stadt in der Provinz. Das urbane New York City hörte etwa bei der 14th Street auf. Jene, die es sich leisten konnten, fuhren mit der Kutsche die Boston Post Road oder mit dem Boot den East River hinauf, um sich in diesem gut ausgestattetem Kutschenhaus zu erholen. Oben sangen und nähten die Damen und unten spielten die Männer Karten und tranken. Das Museum enthüllt kuriose Aspekte aus dieser Zeit. Romane gab es nur im Salon der Damen, die Männer bevorzugten Zeitungen. Wasser, das damals im Allgemeinen nicht genießbar war, fehlt auf dem Esstisch. Das Hotel war mehr als ein Ort, an dem man frische Luft schnappte: Es bot Zuflucht vor Cholera und Gelbfieber, die in der Stadt wüteten.

Da hier Wandel und Geschichte gleichermaßen stillstehen, ist das Mount Vernon der beste Ort in der Stadt, um den Übergang vom traditionellen zum modernen Stadtleben, der Manhattan hart und schnell traf, zu sehen. Die Stühle im Esszimmer lassen den Beginn der Massenproduktion erahnen. In der Küche gibt es einen traditionellen Herd, doch davor steht ein modernerer Reflektorofen. Im Salon gibt es eine Harfe, ein Piano und eine Flöte, während in der Ecke eine Drehorgel sitzt, eine Maschine, die ein paar populäre Lieder spielen konnte (Nr. 7: „Yankee Doodle"). In den 1820er-Jahren war die East 61st Street noch eine kleine und eigenwillige Schotterstraße. Eine Generation später gehörte sie schon zum Straßenraster.

Das Kutschenhaus wurde 1799 erbaut und diente von 1827 bis 1833 als Tageshotel. Das Land gehörte ursprünglich Col. William Smith und seiner Frau Abigail Adams Smith, Tochter des Gründervaters John Adams.

Garden Concerts
MOUNT VERNON
1826
HOTEL

0 500 1 000 m
N
Inwood Hill Park
The Cloisters
Fort Tryon Park
Broadway
Sherman Ave.
Dyckman St.
Nagle Ave.
10th Ave.
W. 207th St.
Henry Hudson Pkwy
Fort Washington Ave.
W. 190th St.
W. 185th St.
W. 181st St.
Amsterdam Ave.
Saint Nicholas Ave.
Harlem River Drive
Major Deegan Expwy
University Ave.
Bronx Community College
W. Fordham Rd
Jerome Ave.
Grand Concourse
Webster Ave.
Third Ave.
Crotona Park
Claremont Park
E. 170th St.
E. 167th St.
BRONX
Ogden Ave.
GEORGE WASHINGTON BRIDGE
Highbridge Park
Harlem River
W. 170th St.
W. 165th St.
W. 160th St.
Yankee Stadium
E. 161st St.
MACOMBS DAM BRIDGE
Trinity Cemetery
W. 155th St.
W. 150th St.
Franz Sigel Park
East 149th St.
145TH ST. BRIDGE
W. 145th St.
7th Avenue
Riverside State Park
Hamilton Place
W. 140th St.
(Frederick Douglass Blvd)
C.U.N.Y
HARLEM
MADISON AVE. BRIDGE
Willis Ave.
W. 135th St.
W. 131st St.
(Malcom X Blvd)
5th Avenue
Park Ave.
THIRD AVE. BRIDGE
WILLIS AVE. BRIDGE
Hudson River
W. 129th St.
Martin Luther King Jr Blvd
W. 127th St.
E. 127th St.
W. 124th St.
E. 124th St.
Marcus Garvey Memorial Park
Randall's Island
W. 120th St.
E. 120th St.
8th Avenue
Lenox Ave.
Lexington Ave.
First Ave.
W. 117th St.
E. 117th St.
E. 115th St.
W. 114th St.
W. 112th St.
E. 112th St.
Columbia University
Morningside Park
Cathedral of Saint John the Divine
Franklin D. Roosevelt Drive
1 2 3 4 5 6 7 8 9 10 11 12 13 14 15 16 17 18 19 20 21 22 23
9 87 95 1

UPPER MANHATTAN

01.

Kathedrale St. John the Divine
Amsterdam Avenue und 112th Street
stjohndivine.org
Linie 1/110th Street – Cathedral Parkway

DIE PFORTEN DES PARADIESES

New York: Die große Apokalypse

St. John the Divine ist die größte unfertige Kathedrale der Welt. „Eigentlich ist sie *so ziemlich* die größte der Welt", sagt Al Blanco, ein ehrenamtlicher Fremdenführer. Die Kathedrale in Köln ist höher, die in Sevilla ist breiter und der massivere Petersdom in Rom ist keine Kathedrale, sondern eine Basilika. Das tut nichts zur Sache: St. John the Divine ist unglaublich groß, und sie zu durchschreiten, ist eine der beeindruckendsten architektonischen Erfahrungen, die New York zu bieten hat. „Die Leute sind von der Größe und den dadurch hervorgerufenen Emotionen einfach überwältigt", sagt Blanco. Man fragt sich, welche Emotionen die Architekten mit den furchterregenden Reliefs am Eingang auslösen wollten.

Die *Pforten des Paradieses*, eine Gruppe von Kalksteinskulpturen, die den Kathedraleneingang flankieren, wurde 1997 fertiggestellt. Unter den vielen biblischen Figuren sind sieben Propheten – Jesaja, Jeremia, Ezechiel und Daniel; Amos, Hosea und Jona. Wenn die Propheten eines gemeinsam haben, dann die Vorliebe für Gemetzel. Ezechiel steht auf grimassenschneidenden Totenköpfen, die auf seinen Traum vom Tal der verdorrten Gebeine hinweisen und laut Kirchenbroschüre „die totale Zerstörung" darstellen. Das Kapitell unter Amos und Hosea zeigt einen Bus voller vom Pech verfolgter Pendler, die von einer eingestürzten Brooklyn Bridge fliehen. Doch es ist das Relief dazwischen, das die meisten am schaurigsten finden. „New York City", steht in der Broschüre, „mit den Twin Towers, unter einer Pilzwolke". Die Zwillingstürme neigen sich kurz vor dem Fall und sind von lodernden Flammen umgeben.

Die Menschen durch Angst in die Kirche zu bekommen, ist ein uralter Trick. Und schließlich ist die Kathedrale nach dem Autor des schrägen Buches der Offenbarung benannt. Trotzdem vermuten viele finstere Absichten hinter St. John the Divine. Sie sei freimaurerisch, heidnisch, satanisch. Und wenn man lange genug sucht, wird man Zeichen dafür finden. Doch wenn sich manche in diesem Bauwerk unwohl fühlen, hat das weniger mit bösen Intrigen zu tun, als mit dem Konflikt, der entsteht, wenn ein mittelalterlicher Koloss mit mittelalterlicher Dramaturgie im 20. Jhdt. erbaut – und im 21. Jhdt. fertiggestellt wird.

02.

Kathedrale St. John the Divine
Amsterdam Avenue und 112th Street
stjohndivine.org
Linie 1/110th Street – Cathedral Parkway

DIE FAHRRADSEGNUNG

Sie tun Gutes

In St. John the Divine finden Events statt, die manche als unpassend für die Kirche empfinden. Die Kritik ist weniger eine Anklage als ein Signal dafür, dass die Kathedrale, zumindest was Spezialveranstaltungen betrifft, die New Yorker anspricht. Sie erreicht bei der Geisterprozession zu Halloween die Zombie-Fans, sowie die Haustierbesitzer, die ihre Hunde, Katzen, Vögel, Frettchen, Lamas, Elefanten usw. zur jährlichen Tiersegnung bringen, aber auch die Radfahrer, die ihre Räder jedes Jahr zur Fahrradsegnung in die Kirche schieben.

Im Death Race der Straßen von New York gibt es Tausende mutige Radfahrer, und nicht alle von ihnen kommen glimpflich davon. 1998 kontaktierte Glen Goldstein, der Organisator der Fahrradsegnung, den Leiter von St. John the Divine, um eine Zeremonie im Sinne der Fahrradsicherheit ins Leben zu rufen. Die Kirche war erfreut und ließ die Räder für eine Segnung mit Weihwasser in die Kathedrale. Es sind diese Vereinbarungen, die den weniger Toleranten gegen den Strich gehen: Die Kathedrale ist eine Bischofskirche, Goldstein ist jüdisch und die Teilnehmer sind was auch immer (auf der Website zum Event steht: „Sie sind herzlich willkommen – egal welchem religiösen Glauben Sie angehören oder nicht angehören").

Und jedes Jahr werden es mehr. Angeführt von einem Dudelsacktrio (einer davon in Lycra) schieben hunderte Radfahrer ihre Gefährte durch das gemeißelte Portal der Kathedrale bis zum polierten Steinboden des Mittelgangs und stellen sich in ordentlichen Reihen auf. Die Atmosphäre ist eher kameradschaftlich als feierlich. Und obwohl hier wahrscheinlich mehr Räder stehen, als Sie je unter einem Dach gesehen haben (vor allem unter einem Kirchendach), bietet die gotische Größe der Kathedrale Platz für alle, wenn die Worte von Reverend Tom von den Wänden hallen. „Egal, ob Sie Radfahren, um Sport zu machen oder die Umgebung zu genießen", schmettert der Pfarrer, „ob Sie damit zur Arbeit fahren oder aus anderen Gründen aufs Rad oder ein Gefährt steigen, das keinen Verbrennungsmotor besitzt … Sie tun Gutes." Nach der Rede erklingt ein heller Chor und die Radfahrer, einem unsichtbaren Zeichen folgend, betätigen ihre Klingel.

Der erste aktenkundige Verkehrsunfall in der Geschichte Amerikas passierte in New York unter Beteiligung eines Fahrrads. Henry Wells verlor die Kontrolle über seinen pferdelosen „Wagen" am oberen Broadway und „fuhr im Zickzack", bis er Evylyn Thomas von ihrem Rad stieß. Sie überlebte.

BELOVED SON HEAR HIM
FRIDAY

03.

Kathedrale St. John the Divine
Amsterdam Avenue und 112th Street
stjohndivine.org
Linie 1/110th Street – Cathedral Parkway

DER FRIEDENSBRUNNEN

Ein rätselhafter Kampf des Guten gegen das Böse

Es überrascht nicht, dass vor der Kathedrale St. John the Divine, die selbst ein Unikum ist, das seltsamste Denkmal von New York steht.

Die 12 Meter hohe Peace Fountain ist ein Gewirr aus Symbolen: züngelnde Flammen, riesige Krebse, eine DNA-Helix, ein grinsender Mond, der abgetrennte Kopf und die Nervenbahnen des Teufels, liebeskranke Giraffen. In der Mitte erhebt sich ein hagerer Erzengel Michael mit einem Schwert.

Zwei Touristen wagen eine Interpretation: „Also ein Typ mit Flügeln, der mit einer Giraffe herummacht.Und dieses … was auch immer hat Luzifer den Kopf abgerissen."

„Eine Art Hummer. Doch das hier sieht wie Haifischzähne aus. Ich schätze, an einem öffentlichen Brunnen ist es wohl Kunst."

„Das alles ist Kunst, Kumpel."

Verschlüsselte Botschaften sind bei christlichen Skulpturen nichts Neues und mittelalterliche Kirchen in Frankreich, die für viele Symbole in St. John the Divine Vorbild waren, setzten Dämonen und Verdammte als Dekor ein. Der Friedensbrunnen wurde aufgrund seiner heidnischen Symbolik kritisiert, doch das Christentum bedient sich vieler heidnischer Bräuche und die Bezeichnung „gottlos" galt in New York noch nie als Beschimpfung. Auch wenn die Skulptur nicht allen gefällt, steht sie doch am richtigen Ort. Doch was bedeutet sie?

Wer genau hinsieht, wird eine praktische Bronzetafel entdecken, die alles erklärt – vielleicht etwas zu ausführlich Der Brunnen zeigt, neben dem Sieg des Guten über das Böse, die Kontinuität des Lebens im Universum.

Giraffen, „sehr friedfertige Tiere", sind gut. Der Krebs „steht für den Ursprung des Lebens im Meer", und die DNA ist „das Schlüsselmolekül" des Lebens. Greg Wyatt der Gastbildhauer von St. John the Divine, schuf der *Peace Fountain* in der Krypta der Kathedrale. Er wurde 1985 aufgestellt und seit damals inspiriert, beleidigt und erstaunt er seine Betrachter.

Als Gegenpol sind rund um den Brunnen viele kleinere Bronzeskulpturen mit Botschaften aus allen spirituellen Richtungen aufgestellt: Aesop, Gandhi, John Lennon. Diese Werke wurden von lokalen Schulkindern gestaltet

04.

405 West 114th Street
ccnd-nyc.org
Linie 1/Cathedral Parkway oder 116 Street – Columbia University
Linien A, B und C/Cathedral Parkwa oder 116 Street

DIE CHURCH OF NOTRE DAME

Eine französische Höhle mit Zusatznutzen

Wenn Sie religiöse Architektur mit Themenpark-Flair schätzen, hat Notre Dame nahe Morningside Park eine unerwartete Attraktion zu bieten: Die gesamte Wand hinter dem Altar ist wie das Innere einer Höhle gestaltet. Nicht irgendeine Höhle, sondern die berühmte Grotte von Lourdes in Südfrankreich, mit Stein, Efeu und einer Nische für die Statue der Jungfrau Maria.

Die Kirche ist natürlich sehr französisch geprägt: Notre Dame wurde als Kirche für die Missionare der Barmherzigkeit, eine Gemeinschaft französischer katholischer Missionare, gebaut. Die Verbindung zur Grotte von Lourdes geht auf Estelle Livingston Redmond zurück, eine bekannte Katholikin aus einer der ältesten New Yorker Familien, die das Grundstück kaufte und den Bau der Kirche finanzierte, um die Verehrung Unserer lieben Frau von Lourdes zu fördern, eine Marienerscheinung, von der zum ersten Mal 1858 in der französischen Höhle berichtet wurde. Redmond glaubte, dass das Quellwasser von Lourdes ihren eigenen Sohn geheilt habe. Die Pfarrei wurde 1913 offizieller Partner der französischen Kultstätte, die den Gläubigen – mittels eines Prozesses, den die katholische Kirche vermutlich versteht – „denselben spirituellen Nutzen ermöglichen sollte, wie den Pilgern, die nach Lourdes in Frankreich kommen“.

Diese Partnerschaft reicht weiter, als man denkt – tatsächlich bis ins Jenseits. 2008, zum 150. Jahrestag der Marienerscheinung, verfügte Papst Benedikt XVI., dass eine Pilgerreise nach Lourdes im Jubiläumsjahr einen vollkommenen Ablass wert sei – eine Art direktes Ticket in den Himmel. In der Woche der ersten Marienerscheinung (2.–10. Februar), konnten gläubige Katholiken „in jeder Kirche, Grotte oder an jedem anderen würdigen Ort die geweihte Statue der Jungfrau von Lourdes besuchen, die zur öffentlichen Verehrung feierlich aufgestellt ist“ und sich so das Fegefeuer ersparen. In dieser Woche konnte man also bei einem Knicks-Spiel dabei sein, sich den *König der Löwen* ansehen und seine unsterbliche Seele retten – alles in ein und derselben Stadt.

Bis heute besteht die spirituelle Verbindung der Kirche zur Grotte in Frankreich: Man bekommt hier Lourdes-Wasser. „Ich hätte gerne __ Flaschen Lourdes-Wasser“, heißt es auf einem der Besucherbroschüre beigelegten Bestellabschnitt. „(Ich lege eine Spende von $ _ für die Versandkosten bei.)“ Ein Arbeiter der Kirche erzählt: „Es kommt in großen Behältern aus Frankreich und wir füllen es in diese kleinen Fläschchen.“

AVE MA

05.

Marcus Garvey Park
Linien 2 und 3/125th Street

DER FEUERWACHTURM IN HARLEM

Der letzte der ersten Wolkenkratzer

Oben am höchsten Punkt des Marcus Garvey Parks steht ein alter Stahlbau. Fragt man im Viertel nach, gibt es verschiedene Theorien, was seinen Zweck betrifft. Sklavenmarkt. Militärische Festung. Leuchtturm. „Ich weiß, dass eine fette Glocke dort oben hängt", sagt ein Mann. „Das ist alles." Die fette Glocke wiegt 4,5 Tonnen, und um ihren ursprünglichen Zweck zu verstehen, muss man sich ein Manhattan vorstellen, in dem die Gebäude höchstens fünf Stockwerke hoch und aus Holz gebaut waren.

Der Feuerwachturm in Harlem auf dem Mount Morris Hill ist einer von mehreren Wachtürmen aus Eisen, die zur selben Zeit gebaut wurden und einst freie Sicht auf das umliegende Gelände boten. Bis Mitte des 19. Jhdt., als mit dem Croton-Aquädukt frisches Wasser nach Manhattan gelangte (siehe Seite 68), gab es häufig katastrophale Brände. Ältere Wachtürme waren aus Holz und fingen manchmal selbst Feuer. In den 1840er-Jahren fand man eine Alternative und mit ihr den architektonischen Schlüssel, der bald die Skyline von Manhattan in die Lüfte steigen ließ. Auf einer Reise nach Italien hatte der Ingenieur und Erfinder John Bogardus die Idee, die Vielfalt alter Architektur mittels Gusseisen wiederzubeleben. Stahlkonstruktionen wurden teils bei kleinen Brücken und niedrigeren Bauten eingesetzt, doch die Kosten waren unverhältnismäßig hoch. Bogardus nutzte billigeres und leichter verfügbareres Eisen und die Stärke ineinandergreifender Stahlträger. Das für den Wachturm konzipierte System verteilt das Gewicht gleichmäßig auf das Stahlskelett – dasselbe System, nach dem moderne Wolkenkratzer gebaut sind.

Als Bogardus 1851 seinen ersten Turm an der Ecke 33rd Street und Ninth Avenue baute, war er der einzige freistehende Stahlskelett-Bau in Amerika. Bald folgte ein weiterer Turm auf der Spring Street. Bogardus bot beim Mount-Morris-Turm mit, wurde aber von einem Rivalen geschlagen, der den guten Riecher hatte, seine innovative Bauweise zu kopieren. Insgesamt wurden schließlich fast ein Dutzend Stahl-Wachtürme in Manhattan gebaut. Als die Stadt sich rund um die Türme in die Höhe reckte, wurden diese Bauten, Vorreiter des Hochhauses, überflüssig. Der Feuerwachturm in Harlem ist der einzige, der noch steht.

06.

Apollo Theater
253 West 125th Street
apollotheater.org
Linien 2, 3, B, C und D/125th Street

DER WUNSCHBAUM

Man muss am Stumpf reiben

Im Apollo Theater gingen unzählige große Auftritte über die Bühne. Doch auch viele kleine: die der Unbekannten, der verpassten Gelegenheiten, der kürzlich Entdeckten. Mittwochs findet im Apollo seit über 70 Jahren die „Amateur Night" statt, wo jeder sich vor einer lärmenden Menge präsentieren kann. Bei den Kulissen, auf einem eigenen Podest, steht ein ungewöhnliches Objekt: ein Teil eines Baumstumpfes. Daran zu reiben, bringt, nach Apollo-Tradition, Glück für den bevorstehenden Auftritt. Die Hoffnungsvollen haben das Holz auf Hochglanz poliert. Einige von ihnen traten hinaus ins Licht, nahmen das Mikro in die Hand und verwandelten sich in Whitney Houston, Ella Fitzgerald oder James Brown. Andere blieben, wer sie waren: einfache Leute. Doch der Stumpf steckt noch immer voller Träume.

Die Geschichte des Theaters ist auch die Geschichte Harlems. Ursprünglich ein von jüdischen Partnern geleitetes Varieté, war es die erste Spielstätte in New York, die einem weißen Publikum schwarze Künstler präsentierte. „Wie wir Schwarze tanzten, wie wir Musik spielten, unser Theater, unsere Gedichte, unser Intellekt, unser Engagement – das ganze Programm", sagt Historikerin und Tourguide Billy Mitchell. „Unsere weißen Brüder und Schwestern wollten Schwarze spielen sehen." Und dann wollten sie mehr davon: Die amerikanische Kultur veränderte sich für immer. Und dieser breite Erfolg schwarzer Kultur inspirierte die Unbekannten, die es in der „Amateur Night" auf die Bühne zog, die den Stumpf rieben und beteten, entdeckt zu werden.

Der Ursprung des Wunschbaums geht über das Apollo und die Harlem-Renaissance hinaus und reicht bis tief in die schwarzen Stadtlegenden. Der Stumpf gehörte zu einer großen Ulme, die Anfang des 20. Jhdt. auf der 131st Street vor dem alten Lafayette Theater stand, der führenden afroamerikanischen Spielstätte des Landes. Die Künstler dachten, dass es Aufträge und Glück bringen würde, in ihrem Schatten zu stehen, ihre Rinde zu berühren oder ihre Zweige und Blätter zu tragen. Als man den Wunschbaum 1934 fällte, wurden seine Überreste als Souvenir und Feuerholz verkauft.

07.

Low Memorial Library, Columbia University
Ecke 116th Street und Broadway
Linie 1/116th Street – Columbia University

DIE VERBORGENE EULE DER *ALMA MATER*

Ein Bildhauer mit einer Vorliebe für Vögel

Auf den Stufen der Low Library im Zentrum des Columbia University Campus steht eine Statue, die viele kennen. Die *Alma Mater* ist seit mehr als einem Jahrhundert das Sinnbild der Universität. Mit lorbeerbekränztem Haupt, 3,5 Meter hoch, hebt sie ihre Arme von ihrem massiven Thron und überblickt den Hof mit durchdringendem Bronze-Blick, wie von ihrer eigenen Herrlichkeit verzaubert. Ein kleines, unscheinbares Detail lenkt von der Pracht ab: eine Eule, die aus ihrem Versteck tief in den Falten der Robe lugt.

Die Eule passt zum Thema. Die *Alma Mater* steht für die Kultivierung des studentischen Geistes (im Lateinischen bedeutet der Name „nährende Mutter"), doch die Figur ist eigentlich Minerva, die römische Göttin der Weisheit und des Krieges, deren mythische Gefährtin die Eule Glaucus ist. Die gute Nachtsicht der Eule macht sie von Natur aus zu einer Gelehrten: Ihre Augen durchdringen das Dunkel. Es gibt noch andere Symbole in diesem Werk: Die Robe steht für das Studium, die Lampen auf den Armlehnen tragen die Namen *Doctrina* (Studium) und *Sapientia* (Wissen), auf dem Zepter in der rechten Hand der *Alma Mater* prangt die Krone des King's College, ein Andenken an die Anfänge der Columbia University als königliche Hochschule (1754).

Sie denken vielleicht: Die andere Hand wäre perfekt für eine Eule mit guter Nachtsicht. Doch dann wäre sie Dienerin der Institution. Die Eule ist so schwer zu finden, dass sie einen die Persönlichkeit des Bildhauers, Daniel Chester French, erkennen lässt: Entdeckt man sie schließlich, ist es wie ein unsichtbarer Handschlag über mehrere Jahrzehnte hinweg. Vögel faszinierten French: Seine erste Leidenschaft war die Tierpräparation. Als Jugendlicher hatte er „ein sonniges Gemüt, war geistreich und witzig […], wusste aber nicht, was er später werden wollte". Seinen ersten Erfolg als Bildhauer hatte er mit einem Paar Eulen.

Er war vielleicht der größte amerikanische Bildhauer seiner Zeit.

Es gibt unzählige Werke von Daniel Chester French in New York, darunter die Vier Kontinente auf den Stufen des Customs House.

HERISHED · FROM · GENERATION · TO · GENERATION ·
THE · STATE · OF · NEW · YORK ·
GLORY · OF · ALMIGHTY · GOD ·
UNIVERSITY
MDCCCXCVII
ALMA MATER

08.

490 Riverside Drive
trcnyc.org
Linie 1/116th Street – Columbia University

DAS GLOCKENSPIEL IN DER RIVERSIDE CHURCH

Die schwerste gestimmte Glocke der Welt

Die Riverside Church, die höchste Kirche der USA, ist konzipiert und gebaut wie ein Hochhaus. Der Stein hängt auf einem Stahlgerüst. Der von John D. Rockefeller finanzierte Bau wurde 1927 begonnen und schon drei Jahre später fertiggestellt. Der robuste Rahmen trägt nicht nur Tonnen an verziertem Mauerwerk: Im Inneren des Turms befindet sich das größte Glockenspiel der Welt. Die Bassglocke, die die Stunde schlägt, die Bourdon, ist die schwerste Einzelglocke eines Glockenspiels, die es je gab.

Eigentlich kann man den Glockenturm und die Aussichtsplattform seit 9/11 nicht mehr besichtigen. Doch mit etwas Nachdruck darf man eine Spezialführung im Besucherzentrum buchen. Aber am besten geht man mit Ralph, dem Wartungstechniker, auf seiner täglichen Inspektionstour mit. Ralph ist ein großer und immer gut gelaunter Mann. Beim Gehen klappern seine Schlüssel und kracht das Walkie-Talkie, doch er bewegt sich leichtfüßig auf den Gängen und Treppen der Kirche, die er wie seine Westentasche kennt. „Ich liebe diesen Ort", sagt er. „Meine Arbeit hier macht mich stolz, und Mr. Rockefeller hätte sicher gewollt, dass wir herzeigen, was wir tun."

Der Aufzug bleibt im 20. Stock stehen. Eine kleine Treppe führt zum Glockenspiel im Freien. Die Glocken sind von weißem Rauschen umgeben: ferner Verkehrslärm, Windböen aus Norden, die klappernden Metallläden der Aussichtsplattform darüber. Die Bourdon – 20 Tonnen fachkundig gestimmtes Bronze – befindet sich auf der untersten Ebene. Rundherum und darüber hängen immer kleiner werdende Glocken. Zusammen wiegen sie über 100 Tonnen. In der Mitte befindet sich eine Kabine, mit der die Glocken über Hebel und Umlenkrollen mit Stangen, die einer Klaviertastatur entsprechen, verbunden sind. Trotz der Größe der Glocken reagiert das Klavier fast sofort. „Schauen Sie", sagt Ralph und schlägt die höchsten Noten an. Sofort erklingen ein paar schöne Töne. „In diesen", er deutet auf den tiefsten Ton (und die größte Glocke), „muss man etwas mehr Kraft hineinlegen".

Für einen Routine-Check des Glockenspiels ist John Witkowiak hier. „Das sind die besten Glocken, die ich je gehört habe", sagt er mit Kennermiene. Witkowiak, Glockenspielbetreuer in dritter Generation, weist auf die Größe des Turms hin. „Massive Träger", sagt er. „Alles genietet." Plötzlich ist es 13 Uhr und alles ist in Aufruhr: Die Glocken bringen die Knochen zum Vibrieren. Witkowiak, unbeeindruckt oder mittlerweile fast taub, dreht sich um und macht sich wieder an die Arbeit.

09.

490 Riverside Drive
trcnyc.org
Linie 1/116th Street – Columbia University

DAS RIVERSIDE-LABYRINTH

Auch nach tausend Jahren ein Geheimnis

Auf dem Boden des Altarraums in der Riverside Church befindet sich ein interessanter Hinweis auf die mittelalterlichen Wurzeln des Gebäudes: ein Steinlabyrinth.

Labyrinthe tauchten um das Jahr 1000 auf den Böden christlicher Kirchen auf (obwohl es sie schon länger gibt). Eine Theorie besagt, dass gläubige Christen, die nicht nach Jerusalem pilgern konnten, das Wandern entlang der Schleifen und Serpentinen als Ersatzreise nutzten: die Mühsal einer Reise in praktisch konzentrierter Form. Wenn das Herumstolpern auf einem Labyrinth eher nach Wahnsinn als spiritueller Erfüllung klingt, dann vergessen Sie nicht, dass Labyrinthe Muster und keine Rätsel sind. Jeder, der dem Labyrinth folgt, beschreitet dieselbe unvermeidbare Route: Es gibt nämlich nur eine.

Die 1930 fertiggestellte Riverside Church ist der Kathedrale von Chartres in Frankreich nachempfunden und erbte neben der Architektur auch das Labyrinth.

Chartres hat das bekannteste Kirchenlabyrinth der Welt: mit einem Durchmesser von über 12 Metern füllt es das gesamte Hauptschiff der Kathedrale aus. Das Muster im Boden der Riverside Church ist aus zwei farblich kontrastierenden, polierten Marmorarten gearbeitet und hat einen Durchmesser von nur 3 Metern. Der äußere Rand ist nicht begehbar. Trotzdem zieht die Kirche seit 1990 Labyrinth-Fans mit einer größeren, tragbaren Version an, die auf dem Boden ausgebreitet werden kann. Diese Praktik wurde vom Mitglied der Riverside Church Richard Butler ins Leben gerufen, der zuerst dabei half, ein Papierlabyrinth für den Ostersonntag anzufertigen und das Muster dann auf eine Leinwand übertrug. „Mein Geist wird ganz klar, wenn ich den Linien folge", erzählte Butler der *Times*.

Labyrinthe sind ein verbreitetes Phänomen. Diana Carulli, eine Künstlerin, die große öffentliche Labyrinthe auf dem Union Square und in anderen Teilen der Stadt entworfen hat, sagt, dass das öffentliche Bedürfnis, im Kreis zu gehen, wächst. „Labyrinthe erleben immer wieder ein Revival," sagt sie. „Sie stärken dein Innerstes auf geheimnisvolle Weise."

Die Pfarrei der Riverside Church bietet etwa einmal im Quartal Labyrinth-Spaziergänge an. Jeder kann kommen und es ausprobieren.

10.

414 West 141st Street
nps.gov/hagr
Linie 1/West 137th Street
Linien A, B, C und D/145th Street

HAMILTON GRANGE

Ein New Yorker Zuhause für einen Gründervater

Von allen Gründervätern ist Alexander Hamilton der Strebsame, der Mann der Tat, der Meritokrat – der New Yorker.

Auf den Westindischen Inseln geboren, kam er als armes uneheliches Waisenkind hier an und brachte es innerhalb von fünf Jahren zu George Washingtons persönlichem Assistenten. Er hatte ein Händchen für Geld und sein Zugeständnis an Thomas Jefferson – die politische Hauptstadt nach Washington D.C. zu verlegen, aber New York als Bankenzentrum beizubehalten – wird noch heute diskutiert. Der Mann muss also Spuren in der Stadt hinterlassen haben. Man kann in der Fraunces Tavern, wo er sein erstes Büro als Finanzminister hatte, das Glas auf ihn erheben oder den Standort der ältesten Bank des Landes besuchen, die er gründete. Man kann auf der West 42nd Street über den Hudson nach Weehawken blicken, wo sich Hamilton mit Aaron Burr duellierte oder in der Trinity Church an seinem Grab stehen. Überraschend wie viele New Yorker, vor allem jene, für die alles oberhalb der 110th Street eine Art exotisches Hinterland darstellt, nicht wissen, dass sich auch sein letztes und einziges Zuhause hier befindet. Hamilton nannte das Haus *The Grange*, nach dem Besitz seines Großvaters in Schottland. Aufgrund der langen Sanierungsarbeiten, die im Herbst 2011 fertiggestellt wurden, kennen es nur wenige. Dann wäre da noch der unbeständige Charakter des Hauses selbst: Über die Jahre wurde das gesamte Ding zweimal umgesetzt, einmal recht beengt vier Blocks weiter westlich in die Nähe der St. Luke's Episcopal Church (wo noch immer eine Bronzestatue Hamiltons steht) und unlängst in die West 141st Street, wo man das Haus so ausrichtete, dass es gut in den St. Nicholas Park passte.

Hamiltons Gründe für den Bau dieses Landhauses waren großteils familiär. 1802, als das Grange fertiggestellt wurde, hatte er sieben Kinder, und die Entfernung zu New York – das damals fast die gesamte heutige Downtown umfasste – hielt die Stadtseuchen Cholera und Gelbfieber fern. Das Haus ist klein, aber gemütlich: Hamilton nannte es sein „Her-zensprojekt" und sah sich wahrscheinlich hier alt und zufrieden sterben. Stattdessen starb er am 11. Juli 1804 früh am Morgen im berühmtesten Duell des Landes mit dem Vizepräsidenten der Vereinigten Staaten.

11.

Trinity Mausoleum und Friedhof
770 Riverside Drive
trinitywallstreet.org/cemetery-mausoleum
Linien A und C/155 Street
Linie 1/157 Street

AUDUBONS GRABSTEIN

Vogeljäger (und -maler)

Obwohl im Washingtoner Heights-Viertel einiges darauf hinweist – Audubon Terrace, Audubon Avenue –, wissen viele nicht, dass „Amerikas größter Naturalist“ John James Audubon hier in New York heimisch war. Audubon könnte genauso gut ein Mythos sein: Er muss in einer harmonischen und bunten Welt gelebt haben, die hauptsächlich von Vögeln bevölkert war. Geboren in Haiti, aufgewachsen in Frankreich, auf dem Papier Amerikaner, verbrachte Audubon viele Jahre in Armut und versuchte, etwas Perfektes zu schaffen: einen vollständigen Bildband der amerikanischen Vogelwelt. Als das Projekt ihm schließlich den verdienten Ruhm einbrachte, kaufte sich der Maler ein Anwesen oberhalb der 155th Street und lebte hier bis zu seinem Tod im Jahr 1851.

Der Grund und Boden des Trinity Cemetery war einst Teil dieses Audubon-Anwesens, und das Grab des Naturalisten ist eines der beeindruckendsten dort: ein 7 Tonnen schweres Kreuz mit keltischen Runen aus massivem Blaustein, 6 Meter hoch und mit Vögeln übersät. Sieht man genauer hin, entdeckt man eine Seite des Naturalisten, die man nicht vermuten würde. Den Steinsockel ziert ein Flachrelief mit Malerutensilien – Palette, Pinsel und Malstock –, das von belaubten Zweigen und Blumen umrahmt ist. Doch auf der anderen Seite findet man Pulverhorn, Jagdtasche und gekreuzte Jagdgewehre. Audubon war zwangsläufig zuerst ein guter Jäger und dann ein Maler: Er tötete so ziemlich jeden Vogel, den er je zeichnete. Man findet kaum ein Porträt des Mannes, auf dem er kein Gewehr hält. Er erschoss die Vögel, fixierte sie mit Hilfe von Drähten in natürlichen Posen, stellte sie vor ein Raster, um die Proportionen zu erfassen, und malte sie dann in aller Ruhe.

DIE VÖGEL AMERIKAS

Audubons *Die Vögel Amerikas*, erstmals 1827 erschienen, umfasst beinahe 500 verschiedene Vögel, darunter einige Arten, die seither ausgestorben sind – der Riesenalk, das Präriehuhn. Als er starb, hinterließ er das Haus seiner Frau, die ihn maßgeblich unterstützt hatte, während er jahrelang durch Amerikas Wälder gestreift war. Als die Witwe schwere Zeiten durchlebte, verkaufte sie die Original-Aquarelle des Buchs für 2.000 Dollar an die New-York Historical Society. Die meisten der Kupferstichplatten landeten bei einem Schrotthändler, der sie einschmolz. Bei einer Sotheby's Auktion 2010 in London wurde eine Komplettversion der Vögel Amerikas als teuerstes gedrucktes Buch der Geschichte für 11,6 Millionen Dollar verkauft.

AUDUBON.

12.

The Hispanic Society of America
Broadway zwischen West 155th und West 156th Street
hispanicsociety.org
Linie 1/157th Street
Linie C/155th Street

DIE PORTOLANKARTE

America, *terra incognita*

Noch spannender als eine Weltkarte ist eine alte Karte, auf der alles lückenhaft und fremd aussieht und ganze Kontinente als *Terra incognita* an den Rändern verschwimmen. Das Museum der Hispanic Society of America besitzt eine davon: eine riesige Portolankarte auf Pergament von 1526 von Juan Vespucci, Neffe des großen italienischen Entdeckers Amerigo.

Zu Handelszwecken entworfen, waren die Portolankarten die ersten schnörkellosen Landkarten der bekannten Welt. Jene in der Hispanic Society gilt als der offizielle spanische Entdeckeratlas, der *Padrón Real*, oder das königliche Verzeichnis. „Als Seeleute von Amerika nach Spanien zurückkamen, mussten sie die gesehenen Küstenlinien nachzeichnen und einen Bericht abgeben", sagt der Kurator der Bibliothek William Delgado. Die sich daraus ergebende Landkarte wurde regelmäßig aktualisiert und war ein Staatsgeheimnis: Die Neue Welt glänzte in der Phantasie konkurrierender europäischer Mächte wie ein riesiges Goldfeld. Der Verantwortliche für das Zusammentragen der neuen Informationen war der *piloto mayor*, der Chefnavigator. Der Entdecker Amerigo Vespucci hatte den Titel bis zu seinem Tod 1519 inne, der dann an seinen Neffen Juan fiel. Der Posten des Chefnavigators war ein politischer Balance-Akt: Man musste die Fülle an neuen Entdeckungen sowohl korrekt wiedergeben als auch geheim halten. Irgendwann machte Juan einen Fehler. „Er wurde gefeuert", lächelt Delgado und hebt seine Augenbrauen in Anbetracht des 500 Jahre alten Skandals.

Vespuccis Karte verströmt noch immer eine geheime Aura. Zum einen wird sie nicht im Hauptmuseum aufbewahrt, sondern in der angeschlossenen Bibliothek. Dort muss man sein Anliegen einem Assistenten zuflüstern, der einen mit gewisser Dramatik zu einer mit Vorhängen verhüllten Wand führt und an der Kordel zieht, um die vor einem halben Jahrtausend bekannte Welt zu enthüllen. Europa ist gut zu erkennen. Afrika auch. Doch die eckigen Elefanten wurden offensichtlich von jemandem gemalt, der noch nie einen gesehen hatte. Brasilien wird von rätselhaften Drachen bewohnt. Am verblüffendsten ist die immer genauere Darstellung Amerikas: Der Golf von Mexiko und die Karibik sind präzise gezeichnet und Florida ist eine Halbinsel und keine Insel, als die es einst galt. Wie von einer von Seeleuten erstellten Karte zu erwarten, sind die Küsten sehr detailreich. Im Landesinneren wird es vage: Es gibt nur eine verschwommene Landschaft mit düsteren blauen Hügeln, die sich im Nichts verlieren. Die klare Darstellung des Unbekannten.

13.

Coogan's Bluff
auf Höhe Edgecombe Avenue und West 158th Street
Linie 1/157th Street
Linien A und C/155th Street

DIE BRUSH-TREPPE UND DIE ALTEN POLO GROUNDS

Baseball in Manhattan – die letzten Spuren

Eine Eisentreppe auf dem Coogan's Bluff blickte einst über das Baseballfeld der New York Giants, die Polo Grounds. Versteckt hinter wackeligen Zäunen, halb unter altem Laub begraben und ins Nichts führend, ist die Brush Stairway deutlich wie ein Grabstein: Die Zeit des Baseballs ist in Manhattan lange vorbei.

Doch hier schlug die Geburtsstunde des Baseballs. Tatsächlich ist Manhattan Teil der ureigensten Baseball-Geometrie: Die Feldform entstand in den 1840er-Jahren in Madison Square, wo Bürobeamte nach der Arbeit spielten. Das Originalspiel („Rounders") hatte fünf Bases, doch das Quadrat war zu klein, daher nahm man eine heraus und machte vier daraus. Das erste New Yorker Team, die Knickerbockers, schrieb die Regeln des Spiels 1845 nieder, und das Baseballfieber folgte kurz darauf: Innerhalb einer Dekade wurde der Sport zum Volkssport Nummer eins.

Zum ersten Spiel auf den Polo Grounds kamen unzählige Fans, Hunderte mussten draußen bleiben. Laut James D. Hardy's *The New York Giants Baseball Club* „kletterten sie auf den Coogan's Bluff und sahen von dort aus zu, was dem Ort den Namen *Freikartenhügel* einbrachte". Dieser Hang blieb ein beliebter Ort, um auf den Polo Grounds ein Gratisspiel zu sehen, bis man das Feld 1964 abtrug. Das Stadion wurde nicht nur von den Giants, sondern zeitweilig auch von den Yankees und den Mets genutzt und war Schauplatz des „Schlags, der auf der ganzen Welt gehört wurde", Bobby Thomsons legendärem Homerun gegen die Brooklyn Dodgers.

Heute ist von dem Baseballfeld nurmehr diese Treppe übrig, die sich den Hang hinunterzieht, mit einer in den Betonabsatz eingelassenen Botschaft aus Eisen vom Eigentümer der Giants, John T. Brush. Von dort aus sieht man den Verkehr auf dem Harlem River Drive, wo dominikanische Taxifahrer rund um einen Imbisswagen stehen. Einer der älteren Fahrer erinnert sich daran, Spiele vom Freikartenhügel aus gesehen zu haben. „Na klar", sagt er. „Wenn du keine Karten hattest, gingst du einfach da rauf."

Das ist der zweite Standort der Polo Grounds. Der erste befand sich auf der 110th Street und wurde ursprünglich zum Polospielen genutzt.

THE
JOHN T. BRUSH
STAIRWAY
RESENTED BY THE
NEW YORK
GIANTS

14.

Highbridge Park
Auf Bitte des Künstlers wird der exakte Standort hier nicht verraten. Die Petroglyphen sind in die Nordseite eines Schieferfelsens im Highbridge Park geritzt, zwischen der Edgecombe Avenue und dem Harlem River Drive, südlich der 165th Street
Linien A und C/163rd Street – Amsterdam Avenue

DIE PETROGLYPHEN IN MANHATTAN

Das Gegenprogramm zu Instagram

Ein Petroglyph ist eine in Stein geritzte oder gekerbte bildliche Darstellung. Ein Steinzeitmensch kratzte 30.000 v. Chr. mit dem Rippenknochen eines Bären die Umrisse eines Pferdes in eine Höhlenwand: Das ist ein Petroglyph. Ein Typ aus Minnesota mit einem Kunstabschluss meißelt einen Hubschrauber in einen Felsvorsprung im nördlichen Manhattan: Das ... ist doch etwas anderes. Petroglyphen kamen mit Erfindung der Schrift aus der Mode. Man ist nicht darauf gefasst, neue zu sehen, vor allem nicht hier, und vor allem keine Darstellungen von Flugzeugen, Heißluftballonen, Space Shuttles und Satelliten. Es ist irgendwie seltsam, und man weiß nicht genau, was man davon halten soll. Eins zu null für Kevin Sudeith, selbsternannter „Petroglyphist“ und vielleicht Vandale.

Sudeith nimmt Aufträge im ganzen Land an, von Kalifornien bis Neu-Schottland, auch für öffentliche Kunstwerke. Die Petroglyphen in Manhattan sind improvisiert. Um sie zu finden, muss man Felsen hinaufklettern, sich einen Weg durch giftigen Efeu und Kermesbeeren bahnen. Das ist Teil des Reizes. Bei den Felsritzungen angelangt, die alle so klein sind, dass man sie mit einer Hand abdecken kann, ist man alleine. Diese Kunstform lässt sich nicht gut teilen. Man muss schon zum Felsen kommen und nicht umgekehrt. Sozusagen das Gegenprogramm zu Instagram.

Als erfahrener Zeichner erkannte Sudeith das Potenzial der Petroglyphen während eines Besuchs in Australien. Dort sah er eine Wand mit Felskunst und sich überlagernden Darstellungen: Ein Teil war Tausende Jahre alt, ein anderer zeigte einen Europäer auf einem Pferd. Dieses Aufeinandertreffen der Geschichtsepochen faszinierte ihn, und seither möchte er Kunst erschaffen, die nicht nur die Zeit überdauert, sondern auch eine Verbindung zu Personen vor Ort aufbaut. Das ist sowohl zeitgemäß als auch zeitlos. „Petroglyphen existieren nach ihren eigenen Regeln“, sagt Sudeith. „Sind sie einmal da, brauchen sie keine Kunstwelt, um ein Publikum zu finden. Das ergibt sich irgendwann von selbst. Wann genau, interessiert mich eigentlich nicht – jetzt oder in hundert Jahren, beides ist okay. Und wenn nichts passiert, sitzt der Petroglyph einfach still da. Aber er ist definitiv da. Und er wird immer dableiben, unabhängig von mir oder meiner Karriere. Und das reicht mir.“

15.

Fort Washington Park
Riverside Drive auf Höhe der 179th Street
unter der George Washington Bridge
nycgovparks.org/parks/batterypark/highlights/11044
Linie A/181st Street
Folgen Sie von Riverside Drive dem Henry Hudson Greenway

DER KLEINE ROTE LEUCHTTURM

Der Herr des Flusses

Im Sommer 1951 begann der Verkehr entlang des Riverside Drive an einer bestimmten Stelle am Fuße der George Washington Bridge plötzlich zu stocken: Die Autos wurden langsamer, um einen Blick auf den kirschroten Leuchtturm zu erhaschen. Der Leuchtturm, seit 30 Jahren ein vertrauter Anblick am Ufer des Hudson River, sollte bald zur Verschrottung verkauft werden. Die daraus resultierende Aufregung füllte die Zeitungen. Eine führende Rolle übernahmen dabei die Kinder. Seit 1942 waren sie über das beliebte Buch *The Little Red Lighthouse and the Great Gray Bridge* von Hildegarde Swift and Lynd Ward emotional mit dem Turm verbunden. In der Geschichte geht es um einen zufriedenen Leuchtturm, „rot, rund und fröhlich", der Schiffe vor den Nebeln und Strömungen eines heimtückischen Abschnitts des Hudson bewahrt. Der Leuchtturm sonnt sich in seiner Bedeutung: „Ich bin der HERR DES FLUSSES", denkt er bei sich. So viel ist wahr: In diesem Teil des Hudson, wo die Landzunge Jeffrey's Hook in den Fluss ragt, waren so viele Unfälle passiert, dass er schon 1889 mit Laternen markiert worden war. Das starke Licht und das Nebelhorn des 12 Meter hohen Leuchtturms rettete ab 1921 Leben und Fracht. Zehn Jahre später wurde die George Washington Bridge eröffnet. Neben dem perfekt ausgeleuchtetem Metallungetüm wirkte der einst heldenhafte Leuchtturm nur mehr niedlich. Diese Identitätskrise ist das wahre Thema des Kinderbuches. „Wahrscheinlich werde ich nie wieder leuchten", denkt er. „Und er war SEHR, SEHR TRAURIG." Wenn Sie denken, das Bild eines weinenden Leuchtturms ist zu albern, um die Leute zu rühren, versuchen Sie eine Kopie des Buches zu bekommen. Alles geht gut aus: Die große, kalte Brücke versichert dem Leuchtturm, dass die Schiffe ihn noch immer brauchen, und ein Sturm gibt ihr bald recht.

In der großen, kalten Stadt sah es anders aus. Der kleine rote Leuchtturm hatte ausgedient: Die Küstenwache kündigte seinen bevorstehenden Verkauf und die Verschrottung an und die Kinder verloren beinahe den Verstand. Ein Psychiater des Bürgerkomitees für Kinder meinte, dass der Leuchtturm zu einem Symbol für Sicherheit geworden war „und die Gewissheit vermittelte, dass man, auch wenn man in einer großen Welt klein ist, nicht ausgelöscht wird." Kinder schrieben Briefe, einige schickten sogar ihr Taschengeld. Und in einem Akt fast wundersamer Nachgiebigkeit hörte die Stadt auf sie. Das Gartenbauamt übernahm den Leuchtturm, brachte ihn auf Vordermann und öffnete ihn für die Allgemeinheit. Es ist der einzige verbliebene Leuchtturm in Manhattan.

16.

4140 Broadway auf Höhe der West 175th Street
unitedpalace.org
Linie A/175th Street
Linie 1/168th Street

LOEWS 175TH FILMPALAST

Ein Zauber geheimnisvollen Abenteuers

Im goldenen Zeitalter Hollywoods sah man sich in New York Filme in prächtigen Kinopalästen an. Die meisten wurden abgerissen, sind verfallen oder es steht nur noch ihre Fassade. Das vielleicht prächtigste Kino aller Zeiten steht noch immer, stolz und geheimnisvoll, auf der 175th Street.

Wenn man es zum ersten Mal sieht, weiß man, dass man etwas Seltenes betrachtet, doch der Baustil ist undefinierbar. Ob „südostasiatisch", „Mayan Revival-orientalisch" oder „kambodschanisch-neoklassisch". Der *Times*-Journalist David Dunlog schleuderte ihm mit „byzantinisch-romanisch-indo-hindu-sino-maurisch-persisch-eklektisch-rokoko-deco" das gesamte Architekturlexikon entgegen. Von außen ähnelt es einem antiken Tempel. Im Inneren glänzen die Wände golden: Göttinnen, Cheruben, Elefanten, Gottheiten.

Der Palast gilt als größter Wurf des Architekten Thomas W. Lamb, der nicht für seine Zurückhaltung bekannt war. „Seine Gebäude waren bis etwa 1927 recht schlicht", sagt Craig Morrison von der Theater Historical Society of America. „Dann plötzlich: wumm." Lamb war nicht der Einzige: Filmpalastarchitekten durften verrücktspielen.

„Wir verkaufen Eintrittskarten für Theater, nicht Filme", sagte der Besitzer einer Theaterkette, Marcus Loew. 1924 kaufte Loew eine Mehrheitsbeteiligung an den Metro-Goldwyn-Mayer-Studios. Besser gesagt, Filme wurden gedreht, um die Spielorte zu pushen, und nicht umgekehrt. Filmpaläste wurden zu Fantasien abgewandelter Exotik, die, in Lambs Worten, „den Zauber geheimnisvoller Abenteuer" verströmten.

Heute kann man Loews 175th besichtigen, aber sich dort keinen Film ansehen. 1969 kaufte Frederick „Reverend Ike" Eikerenkoetter den verlassenen Palast, den er in United Palace Theater umbenannte und zur Zentrale seiner Rundfunk- und Fernsehanstalt machte. Ike, der jeden Tag einen Mercedes in einer anderen Farbe fuhr, predigte, dass Armut die Wurzel alles Bösen sei, und brachte Millionen dazu, einem zwielichtigen System namens „Thinkonomics" zu folgen. Doch der Reverend ist in den Augen von Theater-Fans für immer rehabilitiert. „Es wurde unglaublich schön restauriert", sagt Morrison.

Ike starb 2009, doch in seiner Kirche finden Sonntagnachmittag noch immer öffentliche Gottesdienste statt. Der Prediger richtet eine Wohlfühl-Predigt an die ersten vier oder fünf Reihen, während rundherum die prunkvollen Wände und Balkone sowie die geschwungene Decke aus einem orientalischen Traum im schwachen Licht glänzen.

EXIT
EXIT

17.

High Bridge Park
Zwischen der West 155th und Dyckman Street,
der Edgecombe und Amsterdam Avenue
nycgovparks.org/parks/highbridgepark
Linie A/175th Street
Linie 1/181st Street

DIE SPITZE DES HIGH BRIDGE TOWERS

Einmal im Monat eine geführte Tour bis ganz nach oben

Den High Bridge Park kennen viele New Yorker nur von einem Blick aus dem Autofenster: ein 60 Meter hoher Steinturm, der über den Bäumen des Harlem Drive plötzlich auftaucht und wieder verschwindet. Die meisten kommen ihm gar nicht so nah. Und kaum jemand weiß, dass man den Turm nicht nur besichtigen, sondern auch besteigen kann: Einmal im Monat bieten die Urban Rangers des Gartenbauamts eine geführte Tour bis ganz nach oben an.

Nachdem man sich die Eisentreppen bis zum Aussichtsdeck hochgeschraubt hat, sieht man das Tal des Harlem River sowie eine überraschend grüne Bronx vor sich. Unterhalb spannt sich ein Relikt des Croton-Aquädukts über den Fluss: der rote Ziegelstreifen der High Bridge. Diese Brücke, die älteste der Stadt, war die letzte Etappe des 65 km langen Aquädukts bis nach Manhattan (siehe Seite 50).

Die Brücke war jahrzehntelang tabu, bis sie 2015 wiedereröffnet wurde. „Wer von euch vor den 1970er-Jahren geboren wurde, erinnert sich vielleicht daran, dass man von hier gut Steine auf den Verkehr darunter werfen konnte“, sagt der Urban Ranger Jerry Seigler. Er trägt den typischen Hut und an seinem Gürtel hängen ein Walkie-Talkie, ein Schlagstock und Handschellen. Wenn sich jemand erinnert, sagt es niemand. Ranger Jerry führt die Gruppe wieder hinunter und nach draußen zu der Stelle, wo die alte Brücke in die felsigen Hügel des High Bridge Park übergeht. Die geführte Tour umfasst offensichtlich das gesamte Flussufer, das von Wegen und unerwartet wilder Flora durchzogen ist: dichte grüne Ranken, bemooste Felsen und hohe Bäume. Es stellt sich heraus, dass Ranger Jerry unglaublich viel weiß. Über Sozialgeschichte (im 19. Jhdt. fanden im Park Pferdekutschenrennen statt), Geologie (das Gestein, das wir hier sehen, entstand Kilometer unter der Erde, vor Millionen von Jahren), Botanik und/oder Alkohol (Beifuß wird bei der Bierherstellung verwendet), indianische Jagdtricks (Rotwild wurde in den Fluss getrieben und ertränkt) … Ranger Jerry ist vielleicht sogar allwissend.

Die Gruppe wandert einen schattigen Lehmpfad entlang. Abgesehen von den Scherben am Boden könnte man in den Appalachen sein. „Das ist einer meiner Lieblingsbäume“, sagt der Ranger und führt die Gruppe zu einer riesigen Platane, mit einem klaffenden Loch im Stamm. „Eines Tages wohnte plötzlich jemand hier.“ Wir warten darauf, dass dieser „Jemand“ ein niedlicher Waschbär ist, doch Ranger Jerry meint wirklich eine Person: ein Obdachloser mit aufgestellter Matratze, einem batteriebetriebenen Fernseher und einem an einen Baum geketteten Einkaufswagen.

18.

Ecke Fort Washington Avenue und West 183rd Street
nycgovparks.org/parks/bennettpark
Linie 1/181st Street

DER BENNETT PARK

Die höchste natürliche Erhebung in Manhattan

Die New York Skyline ist gemalte Architektur: Man vergisst leicht, dass die Turmspitzen und Erhebungen der Metropole nur das Sahnehäubchen auf der gigantischen geologischen Steinlandschaft darunter sind. Manhattan besteht großteils aus zwei Gesteinen: Schiefer, dem aschfarbenen, glitzernden Gestein, das man auf den Felsvorsprüngen im Central Park sieht, und Marmor, der nur im Norden in Inwood vorkommt. Der Stein breitet sich wellenförmig über die ganze Insel aus, stürzt midtown 30 Meter tief hinab und gipfelt in dem kleinen Felsvorsprung mitten im Bennett Park in Washington Heights. Eine im Boden eingelassene Tafel zeigt die exakte Höhe an: nur 80 Meter.
Trotzdem hatte der Hügel strategische Vorteile. Im Sommer 1776 erkundete George Washington den Ort und ordnete den Bau einer Festung, „einer Art Zitadelle“ an. Im Park sieht man noch immer die Steinumrisse des Baus mit fünf Bastionen, der zu Ehren des Generals Fort Washington hieß (ebenfalls Namenspatron von Washington Heights und der Fort Washington Avenue). Nach einigen knappen Entscheidungen und Rückschlägen wurden die Amerikaner von Rotröcken und Hessen eingeschlossen, die ihnen zahlenmäßig um das Vierfache überlegen waren. General Howe, der britische Kommandeur, wies, wenig hilfreich, auf dieses Ungleichgewicht hin. Die Amerikaner verschanzten sich trotzdem und warteten auf den Angriff. Er kam am 16. November. Von seiner Position am gegenüberliegenden Hudson-Ufer aus konnte Washington mit seinem Fernglas zum Fort hinaufschauen und sah, wie Hessen Amerikaner mit dem Bajonett umbrachten. „Wenn ich einem Feind den schwersten Fluch auf Erden auferlegen könnte, dann würde ich ihn in diese Situation versetzen, mit all meinen Gefühlen“, schrieb er. Der Kampf war blutig und entscheidend: Die Briten besetzten Manahattan bis zum Ende des Krieges.

AMERIKAS ERSTE SOLDATIN

Als Margaret Corbin, „die Heldin des Fort Washington“, eine Militärrente erhielt, wurde sie zur ersten Soldatin Amerikas. Im Kampf half sie ihrem Mann, der Artillerist war, bis er getötet wurde. Dann bediente sie selbst die Kanone. In der nahegelegenen Holyrood Church gibt es eine Gedenktafel zu ihren Ehren.

Aufgrund derselben geologischen Merkmale liegt in diesem Teil von Washington Heights auch der tiefste U-Bahn-Tunnel Manhattans mit der tiefsten Station der Insel: 181st St auf den Linien 1/9.

THE·HIGHEST
NATURAL·POINT
ON·MANHATTAN
265·05FEET
ABOVE·SEA·LEVEL
U·S·C·&·G·S·DATUM

19.

701 Fort Washington Avenue
cabrinishrinenyc.org
Linie A/190th Street

DIE MUTTER-CABRINI-KAPELLE

Die erste katholische Heilige Amerikas

Frances Xavier Cabrini, die erste von der römisch-katholischen Kirche heilig gesprochene Amerikanerin, liegt in dieser Kapelle in Washington Heights. Beim Anblick einer toten Person hinter Glas fühlen sich Besucher vielleicht unwohl.

„Ja, einige bekommen Angst", sagt Rose, Sekretärin der Kapelle. „Hier ist ihr Skelett und etwas Haut. Doch erst die *Wunder* machen einen zur Heiligen." Rose, eine gut gelaunte Puerto-Ricanerin mit trockener Beamtenattitüde, arbeitet seit sieben Jahren hier. „Man wird … vielleicht keine Ratgeberin, aber man hört sich die Probleme der Leute an."

Die Mutter-Cabrini-Kapelle konzentriert sich auf Probleme von Einwanderern, und in dieser Hinsicht ist New York ihre natürliche Heimat. Cabrini verstand Einwanderer, weil sie selbst einer war. Nach der Gründung eines Ordens in ihrer Heimat Italien kam sie 1889 mit einigen Schwestern in der Stadt an und landete im armseligen Slum Five Points auf der Lower East Side. Die Unterkunft war schmutzig und voller Ungeziefer: Nachts blieb eine der Schwestern wach, um die anderen gegen die Ratten zu verteidigen. Italiener wurden damals weithin als eine Art Untermenschen gesehen. „Man kann unseren Italienern, die vernachlässigt werden und auf die man herabschaut, auf so viele Arten Gutes tun", schrieb Cabrini. „Sie können unseren Anblick nicht ertragen." Ein Großteil der karitativen Arbeit konzentrierte sich auf Kinder: Schulen und Waisenhäuser. Als man sie bat, auch Spitalsdienste anzubieten, weigerte sie sich, „bis ihr in einem Traum die Jungfrau Maria erschien", erzählt Rose, „die ihre Ärmel hochgekrempelt hatte, um die Arbeit zu verrichten, ‚die du nicht selbst tun möchtest'". Die Augen von Rose weiten sich vor Ehrfurcht bei diesem persönlichen Tadel von der Mutter Jesu. „Also gab sie nach."

Insgesamt gründete Cabrini über 60 Institutionen, darunter ein Krankenhaus auf der 22nd Street (jetzt geschlossen). 1909 wurde sie amerikanische Staatsbürgerin und 1946 sprach man sie heilig. Im päpstlichen Erlass wird die Heilige formell zur „Patronin der Einwanderer" erklärt. Rose blättert einen Papierstapel durch und zieht den Brief einer Dominikanerin heraus: Sie bittet verzweifelt um eine frühzeitige Entlassung aus dem Gefängnis, damit sie wieder bei ihren Kindern sein kann. Der Brief ist direkt an die Heilige adressiert und der Ton ist familiär, doch Rose ist diejenige, die ihn beantworten wird.

Mutter Cabrini ist nicht zur Gänze hier: Die wenig zimperliche Kirche teilte sie auf. Ihr Herz ist in Rom, ihr Kopf in Codogno.

20.

Das The Cloisters Museum
99 Margaret Corbin Drive, Fort Tryon Park
metmuseum.org/cloisters
Linie A/190th Street

DER LAVAUDIEU-CHRISTUSTORSO

Eine alte Vogelscheuche

Ein unscheinbarer Christustorso aus Holz hängt im The Cloisters an einer kahlen Wand im Flügel für römische Kunst. Unvollständig, zerkratzt und von den Jahrhunderten verfärbt, muss es eines der am wenigsten beachteten Kunstwerke des Museums sein. Doch die Skulptur hat eine ungeheuerliche Geschichte, die mit ulkiger Präzision die Legende und den Zweck des The Cloisters als kulturelle Institution zusammenfasst.

„Wenn Sie nach bizarren und wirklich beeindruckenden Orten suchen", sagt ein Dozent des Cloisters, „würde dieser ganz oben auf der Liste stehen." Beeindruckend sind die tausenden mittelalterlichen Kunstwerke. Bizarr ist sein Grundriss, der es einzigartig unter den amerikanischen Museen macht. Der Besuch im The Cloisters ist ein Spaziergang durch ein cleveres Mosaik authentischer Klosterarchitektur: Tonnen an Steinreliefs wurden dafür aus Europa hergeschafft. Dieser epochenbezogene Ausstellungsort war die Idee und Leidenschaft von George Grey Barnard, einem amerikanischen Bildhauer, der in Paris studierte und jede Menge europäische Kunst zusammentrug – den Kern der heutigen Sammlung. Er hatte ein Faible für mittelalterliche Skulpturen, was damals selten war. „Jetzt finden wir es sehr interessant", sagt der Dozent, „doch das war nicht immer so."

Wenn die Staaten das Mittlelalter kühl betrachteten, agierte Frankreich regelrecht feindselig. Während der französischen Revolution beschlagnahmte die Nationalversammlung Kircheneigentum und verkaufte es an Privatleute. Abteien wurden zu Bauernhöfen, Kapellen zu Scheunen, Statuen füllten die Lücken in alten Mauern aus. So gelangten religiöse Steinmetzarbeiten aus Europa in eine amerikanische Sammlung: Man brauchte sie sich nur zu nehmen.

Der Dozent steht neben dem Torso und hält inne, um seinen besonderen Reiz wirken zu lassen. „Man kann hier ein großes Gespür für die Anatomie des menschlichen Körpers erkennen: Knochen, Muskeln, Spannung der Haut. Für das 12. Jhdt. ist das außergewöhnlich und er gilt schon lange als wirklich seltener Fund." Barnard fand den alten Torso in der Nähe der Abtei Lavaudieu in der Auvergne. „Er kaufte ihn einer französischen Familie ab", sagt der Dozent, „die ihn draußen auf dem Feld verkleidet als Vogelscheuche verwendete.

21.

Broadway Ecke West 204th Street
dyckmanfarmhouse.org
Linie A/Dyckman Street oder Inwood – 207th Street
Linie 1/207th Street

DAS DYCKMAN FARMHOUSE

Das letzte Landhaus in Manhattan

An der Ecke Broadway und West 204th Street, dort wo die Bäume die Laternenmasten und Feuerleitern verdecken, kann man zum Dyckman Farmhouse hinaufblicken und das ländliche 18. Jhdt. erleben. Im nördlichen Manhattan gab es damals nur Höfe und stille Bäche sowie die verborgenen Reste indianischer Dörfer. Seit mehr als 200 Jahren ist dieses einfache weiße Haus, das letzte wirkliche Farmhaus in Manhattan, eine unveränderte Insel der Vergangenheit.

1784 von William Dyckmann erbaut, wurde das Haus nie modernisiert, weil man dachte, es würde früher oder später abgerissen werden. Im frühen 20. Jhdt. wollte man es in den nahegelegenen Isham Park versetzen, doch Williams Nachkommen setzten sich dafür ein, das Haus an seinem Standort zu belassen und es öffentlich zugänglich zu machen.

Heute gibt sich das Personal unglaublich viel Mühe, um die Zeit im Farmhaus weiterhin stillstehen zu lassen.

Das Obergeschoss wurde im Zustand von 1915 beibehalten, als es in ein Museum verwandelt wurde, während das Wohnzimmer und die tiefer gelegene Küche im Untergeschoss so geschichtsgetreu sind, wie Historiker es sich nur wünschen können. „Unsere Vorstellung von der Vergangenheit ändert sich permanent“, erklärt die Leiterin Susan De Vries. „In jedem historischen Museum überschneiden sich Geschichtsabschnitte, und wir wissen, dass diese Überlagerungen wichtig sind.“

Wenn man beim Betrachten des Hauses von außen einen kleinen Blick in die Vergangenheit werfen kann, dann erlebt man im Inneren eine wahre Zeitreise. Die Dekoration und die Möbel wurden restauriert oder mühevoll reproduziert, und je genauer man hinsieht, desto realer wird alles: Auf dem Tisch liegen ein paar Karten aufgefächert neben einem halbleeren Glas mit Madeira-Wein. Das Strickzeug der Hausfrau liegt auf einem Sessel in der Ecke. An der Wand tickt und läutet eine historische Uhr. Unten gibt es eine warme Küche mit einem frischen Brotlaib auf dem Tisch und gewürfelten Karotten, die darauf warten, in den Topf geworfen zu werden. Das Dyckman Farmhaus steht still. Das Einzige, was fehlt, sind die Dyckmans. Und der einzige Störfaktor ist man selbst, ein neugieriger Geist aus der Zukunft.

Auf dem Weg in die Küche im Keller stößt man auf einen Teil des Steinfundaments, in das ein seltsames Bildsymbol graviert ist: drei übereinanderliegende Quadrate, die mit Linien verbunden sind. Es ist tatsächlich ein altes Brettspiel, Nine Man Morris, und wurde vielleicht für die Dyckman-Kinder dort eingeritzt.

22.

Isham Park, Südeingang
Broadway Ecke 211th Street
nycgovparks.org/parks/isham-park
Linie /207th Street

DER MEILENSTEIN NR. 12

Der stille Wächter

Ein merkwürdiger roter Sandsteinblock ist in die Mauer am Eingang zum Isham Park integriert. Das Einzige, wodurch er sich vom rauen Granit, der ihn umgibt, abhebt, ist die gleichmäßige Form und die schlammige Farbe seiner verwitterten Vorderseite. Millionen gehen oder fahren an ihm vorbei ohne anzuhalten: Für sie ist er namenlos. Für New Yorker Historiker ist er ein Relikt und als Meilenstein Nr. 12 bekannt.

Meilensteine sind beeindruckende Denkmäler. Einerseits sind sie einfache Steine, die gemeinsam mit anderen eine simple Botschaft vermitteln, andererseits beschwören sie sofort galoppierende Pferde, Kutschen und romantische Staubwolken herauf. Man kann sie auch sammeln. Manhattan ist 14 Meilen lang, und auf der Jagd nach den 14 Markierungen zieht es viele Forscher zu verwachsenen Straßenrändern und in vergessene Keller sowie zu Büchern und Landkarten in Bibliotheken.

Die Meilensteine wurden 1769 für ein vom stellvertretenden Postmeister, Benjamin Franklin, geleitetes Projekt aufgestellt, der einheitliche Postgebühren einführen wollte. Franklin arbeitete sich mit einem selbst erfundenen Meilenzähler die Straße zwischen New York und Boston entlang. Diese koloniale Verkehrsader, die Boston Post Road, wurde schon seit hundert Jahren genutzt, doch die Meilensteine machten den Unterschied. „Eine Straße wurde mit Respekt behandelt, wenn sie von gut geformten Steinen gesäumt war", schrieb der Meilensteinexperte und Kurator der Historical Society, Richard J. Koke.

Als Straßen im Zuge der Stadtentwicklung verbreitert und verlegt wurden, grub man die Meilensteine aus und vergaß sie. Viele sind für immer verloren. Andere fand man wieder – in Privatgärten, auf Deponien, eingearbeitet in Eingangstreppen. Nr. 10 ist Teil der Sammlung der New York Historical Society, Nr. 11 befindet sich in der Morris-Jumel Mansion, Nr. 13 und 14 bleiben verschwunden.

Nr. 12 stand ursprünglich auf der Post Road Ecke 190th Street. 1813, als die gerade fertiggestellte City Hall zum Kilometer Null wurde, vermaß man die Entfernungen neu und der Stein wurde versetzt (und vielleicht neu zugeschnitten, das weiß niemand). Die auf der Vorderseite eingravierten „12 Meilen bis New York", fielen wahrscheinlich Vandalen-Attacken zum Opfer. Irgendwann Anfang des 19. Jhdt. wurde der Stein in die Stützmauer eingearbeitet, wo er heute steht: verwittert, ohne Aufschrift, vernachlässigt und älter als alles andere, was man in Manhattan findet.

23.

Inwood Hill Park
Zwischen Dyckman Street, Hudson River, und Harlem Ship Canal
nycgovparks.org/parks/inwoodhillpark
Linie A/Dyckman Street oder Inwood – 207th Street
Linie 1/ 207th oder 215th Street

DIE INDIANERHÖHLEN VON INWOOD HILL

Ein Unterschlupf in Manhattans letztem großen Wald

Abgesehen von den Mastodon-Herden (siehe Seite 180) ist nichts schwieriger mit dem aktuellen Manhattan in Einklang zu bringen, als die Indianerstämme, die hier jagten (Bären, Rotwild, Truthähne) und fischten (vor allem Austern) und sogar, wie einige Historiker meinen, mit ihren Kanus über miteinander verbundene Flüsse quer über die Insel paddelten. Doch das war damals. Die urbane Entwicklung Manhattans war wie ein Flächenbrand, der 1620 in der Battery anfing und sich langsam seinen Weg nach Norden bahnte, bevor er kurz vor der nordwestlichsten Inselspitze zum Stillstand kam. Dort liegt Inwood Hill, Manhattans letzter großer Wald und der einzige Ort, an dem man begreift, wie sich die Insel den allerersten New Yorkern, den Lenape, präsentierte.

Die größte Attraktion des Inwood Hill Park als Manhattan der Vorzeit sind die Indianerhöhlen. Natürliche Überhänge in den Felsen, die sich bis zum Flussufer ziehen, boten kampierenden Lenape vorübergehend Schutz, und an einer Stelle bilden die Höhlen, die früher tiefer waren als heute, zwischen massiven Felsblöcken einen Durchbruch. Die ersten archäologischen Arbeiten in diesem Gebiet führten im späten 19. Jhdt. zwei engagierte Amateure durch (die einzige Art von Archäologen, die es damals gab), William Calver und Reginald Bolton, die im nördlichen Manhattan nach Fundstücken suchten. Calver schrieb später, dass die Fischerei- und Jagdmöglichkeiten sowie der natürliche Schutz der Felsen Nordmanhattan „zum idealen Siedlungsgebiet primitiven Lebens machten" – ein Urteil, das bis heute unbestritten ist.

Es ist beachtlich, dass die wild um sich greifende Stadtentwicklung nicht nur ein Stück Geschichte der amerikanischen Ureinwohner, sondern auch die ursprüngliche Landschaft verschont hat. Erstaunlich hohe Tulpenbäume, bewaldete Hügel voller Vögel (Tangaren, Rotkardinäle, Falken und im Winter sogar Weißkopfseeadler) und entlang der verschlungenen Pfade kein Hinweis auf die moderne Welt, abgesehen vom leisen Brummen eines Passagierflugzeugs hoch oben.

Die Bedeutung des Wortes „Manhattan", das aus der Sprache der Lenape kommt, ist unklar. „Manna-Hata" wurde von Hudsons 1. Offizier, Robert Juet, 1609 notiert, und ein Jahr später erschien der Name zum ersten Mal auf einer Landkarte. Zu den möglichen Übersetzungen gehören „Insel" (Lenape: *Menatay*), „Ort zum Sammeln von Holz für Bögen" (*Manahatouh*) und das weit hergeholte „Ort allgemeinen Rausches" (*Manahactanienk*).

Im September 1995 kam Thomas Jonglez im pakistanischen Peschawar, 20 Kilometer von den Stammesgebieten entfernt, die er wenige Tage später besuchte, auf die Idee, die ihm bekannten verborgenen Orte von Paris zu Papier zu bringen. Seine siebenmonatige Reise von Peking nach Paris führte ihn damals unter anderem nach Tibet (in das er ohne gültige Papiere, versteckt unter Decken in einem Nachtbus, einreiste), in den Iran und nach Kurdistan. Den gesamten Weg legte er ohne Flugzeug, ausschließlich per Schiff, Anhalter, Fahrrad, Zug oder Bus, reitend und zu Fuß zurück. Er erreichte Paris gerade noch rechtzeitig, um mit seiner Familie Weihnachten zu feiern. Nach der Rückkehr in seine Geburtsstadt verbrachte er zwei Jahre mit der Erkundung praktisch aller Straßen von Paris, um, gemeinsam mit einem Freund, seinen ersten Reiseführer über die Geheimnisse von Paris zu schreiben. Anschließend war er zunächst sieben Jahre in der Eisen- und Stahlindustrie tätig, bevor ihn erneut die Leidenschaft packte und er sich ganz dem Entdecken widmete. 2003 gründete er seinen Verlag, 2006 zog er nach Venedig. 2013 zog es ihn mit seiner Familie wieder in die Welt hinaus. Sechs Monate führte die Reise von Venedig über Nordkorea, Mikronesien, die Salomon-Inseln, die Osterinsel, Peru und Bolivien nach Brasilien. Nach sieben Jahren in Rio de Janeiro lebt Thomas heute mit seiner Frau und seinen drei Kindern in Berlin. Die Publikationen des Jonglez Verlags sind in neun Sprachen und 40 Ländern erhältlich.

Atlas

Atlas der außergewöhnlichen Weine
Atlas der geografischen Kuriositäten
Atlas der Lost Places
Atlas der Wetterextreme

Atlas des Geheimen

Paris - Atlas des Geheimen
Venedig - Atlas des Geheimen

„Einzigartige Erlebnisse“-Reihe

Soul of Amsterdam – 30 einzigartige Erlebnisse
Soul of Athen – 30 Erlebnisse
Soul of Barcelona – 30 Erlebnisse
Soul of Berlin – 30 einzigartige Erlebnisse
Soul of Brüssel – 30 einzigartige Erlebnisse
Soul of Kyoto – 30 Erlebnisse
Soul of Detroit – 30 einzigartige Erlebnisse
Soul of Lissabon – 30 einzigartige Erlebnisse
Soul of Los Angeles – 30 einzigartige Erlebnisse
Soul of Mailand – 30 einzigartige Erlebnisse
Soul of Marrakesch – 30 einzigartige Erlebnisse
Soul of Marseille – 30 einzigartige Erlebnisse
Soul of New York – 30 einzigartige Erlebnisse
Soul of Paris – 30 einzigartige Erlebnisse
Soul of Tokio – 30 einzigartige Erlebnisse
Soul of Venedig – 30 einzigartige Erlebnisse
Soul of Wien – 30 einzigartige Erlebnisse

Bildbände

Abandoned Asylums (auf Englisch)
Abandoned Australia (auf Englisch)
Abandoned Belgium (auf Englisch)
Abandoned France (auf Englisch)
Abandoned Lebanon (auf Englisch)
Abandoned Spain (auf Englisch)
After the Final Curtain – The Fall of the American Movie Theater (auf Englisch)
After the Final Curtain – America's Abandoned Theaters (auf Englisch)
Baikonur – Relikte des sowjetischen Weltraumprogramms
Chernobyl's Atomic Legacy (auf Englisch)
Cinemas – A French heritage (auf Englisch)
Clickbait – A visual journey through AI-generated stories (auf Englisch)
Destination Wellness – Unsere 35 besten Orte der Welt zum Entspannen
Deutschland Lost Places
Forbidden Places – Exploring our Abandoned Heritage Vol. 1 (auf Englisch)
Forbidden Places – Exploring our Abandoned Heritage Vol. 2 (auf Englisch)
Forbidden Places – Exploring our Abandoned Heritage Vol. 3 (auf Englisch)
Forgotten Heritage (auf Englisch)
Stilles Venedig
Ungewöhnliche Hotels
Venedig aus der Luft
Verborgene Heiligtümer
Verbotene Orte
Verlassenes Frankreich
Verlassenes Japan
Verlassene UdSSR
Verlassene USA
Verlassenes Italien
Verlassene Kirchen – Kultstätten im Verfall

Verborgenes-Reiseführer

Verborgenes Bali
Verborgenes Bangkok
Verborgenes Barcelona
Verborgenes Berlin
Verborgenes Brüssel
Verborgenes Budapest
Verborgene Dolomiten
Verborgenes Dublin
Verborgenes Edinburgh
Verborgenes Florenz
Verborgenes Granada
Verborgenes Hamburg
Verborgenes Istanbul
Verborgenes Kapstadt
Verborgenes Kopenhagen
Verborgenes Korsika
Verborgenes Lissabon
Verborgenes London
Verborgenes Los Angeles
Verborgenes Mailand
Verborgenes Neapel
Verborgenes New York
Verborgene Normandie
Verborgenes Paris
Verborgene Provence
Verborgenes Rom
Verborgenes Sevilla
Verborgenes Singapur
Verborgenes Stockholm
Verborgenes Tokio
Verborgene Toskana
Verborgenes Venedig
Verborgenes Wien

VIELEN DANK

Summer Ash, Ana-Maria Lucaciu, Nelson Hancock, Lucien D'Azay, John Garrett, J.P. Bernbach, Ellen Adamson, Jason & Mari Tuttle, Mika Karlsson, Alex Ekman, Dave Arnold, Carl Mehling, New-York Historical Society library, Anisa Tejpar, Nicole Pangelinan, Lloyd Sandefur, Bob Stevenson, Jerry Seigler, Andy Young, Reggie Bolton, Bram Gunther, Chiara Barbieri, Saint Patrick's Cathedral, Connie Swierkowski, Rafael Balaguer, Columbia University Classics Department, Clancy Nolan, Mark Emanuel, Benjamin Tzafa, Matteo Pagani

BILDNACHWEISS

Alle Fotos von **T.M. Rives** außer:
Alix Piorun: Abschnitte der Berliner Mauer, Mosaik-Dreieck als Zeichen der Rache, Gucklöcher im IFC-Center, Überreste von Pier 54, Wappen auf der Avenue of the Americas, Lenin auf der Norfolk Street, Krone auf der Kanzel von St. Paul's, Buttonwookd-Baum
Augustin Paquet: Vermählung von Immobilien und Geld
Michelle Young: Leuchtturm auf dem Gebäude in der 950 University Avenue, Leuchtturm Staten Island Range Light
Das Jacques Marchais museum of Tibetan art: ©The Jacques Marchais museum of Tibetan art
MTA: Testsäulen für das *Grand Central Terminal*

Umschlagfoto: © Jo Wiggijo de Pixabay

TEXTNACHWEISE

Alle Texte von **T.M. Rives** außer
Michelle Young: Vermählung von Immobilien und Geld, Leuchtturm auf dem Gebäude in der 950 University Avenue
Hannah Frishberg: Abschnitte der Berliner Mauer, Testsäulen für das *Grand Central Terminal*, Mosaik-Dreieck als Zeichen der Rache, Gucklöcher im IFC-Center, Überreste von Pier 54, Leuchtturm auf dem Gebäude in der 950 University Avenue, Leuchtturm Staten Island Range Light, The Jacques Marchais Museum of Tibetan Art

Karten: **Cyrille Suss** - Layout: **Coralie Cintrat und Emmanuelle Willard Toulemonde** -
Übersetzung: **Verena Thiard-Laforet und Claudia Riefert** - Korrektorat: **Carola Köhler** - Konzeption: **Clémence Mathé**

Oktober 2025 – 1. Auflage
ISBN: 978-2-36195-906-7
Gedruckt in Italien bei L.E.G.O.